Ingeborg Bachmann
Die Fähre

Serie Piper
Band 1182

Zu diesem Buch

Die zwölf Erzählungen dieses Bandes sind, zum Teil aus dem Nachlaß ediert, im zweiten Band der 1978 erschienenen Werkausgabe erstmals herausgegeben worden. Die Geschichten geben in chronologischer Folge einen Einblick in die Entwicklung des erzählerischen Werkes. Josip, den Fährmann in der Titelgeschichte, kennzeichnet wie die übrigen Hauptgestalten der Erzählungen dieses Bandes eine schmerzliche, aber zugleich seltsam schwerelose, zuweilen traurige, überaus empfindsame Sinnlichkeit. Bei aller thematischen und stilistischen Verschiedenheit der Geschichten gibt es charakteristische übereinstimmende Motive: Bereitschaft zum verhängten Schicksal, Illusionslosigkeit und die Erfahrung auswegloser und unmöglicher Liebe.

Ingeborg Bachmann, geboren 1926 in Klagenfurt. Lyrikerin, Erzählerin, Hörspielautorin, Essayistin. 1952 erste Lesung bei der Gruppe 47; Preis der Gruppe 47, Bremer Literaturpreis, Hörspielpreis der Kriegsblinden, Berliner Kritikerpreis, Georg-Büchner-Preis, Großer Österreichischer Staatspreis, Anton-Wildgans-Preis. Lebte nach Aufenthalten in München und Zürich viele Jahre in Rom, wo sie 1973 starb.

Ingeborg Bachmann

Die Fähre

Erzählungen

Piper
München Zürich

Entnommen der leicht verbesserten
Neuauflage der Werkausgabe:
Ingeborg Bachmann, Werke. Zweiter Band:
Erzählungen, herausgegeben von Christine Koschel,
Inge von Weidenbaum, Clemens Münster,
R. Piper & Co. Verlag, München / Zürich 1982

Von und über Ingeborg Bachmann liegen
in der Serie Piper bereits vor:
Hörspiele (139)
Frankfurter Vorlesungen (205)
Die Wahrheit ist dem Menschen zumutbar (218)
Das Honditschkreuz (295)
Die gestundete Zeit (306)
Anrufung des Großen Bären (307)
Liebe: Dunkler Erdteil (330)
Bilder aus ihrem Leben (658)
Kein objektives Urteil – nur ein lebendiges
Texte zum Werk von Ingeborg Bachmann
Hrsg. von Christine Koschel und Inge von Weidenbaum (792)
Der Fall Franza. Requiem für Fanny Goldmann (1121)

Weitere Werke sind in Vorbereitung.

ISBN 3-492-11182-3
Neuausgabe 1990

Umschlag: Federico Luci,
unter Verwendung des Gemäldes
»Sandufer an der Loire« (1923) von Félix Vallotton

Satz: Wiener Verlag, Wien
Druck und Bindung: Clausen & Bosse, Leck
Printed in Germany

Inhalt

Die Fähre

Im hohen Sommer ist der Fluß ein tausendstimmiger Gesang, der, vom Gefälle getragen, das Land ringsum mit Rauschen füllt. Nahe am Ufer aber ist er stiller, murmelnder und wie in sich selbst versunken. Er ist breit, und seine Kraft, die sich zwischen das Land legt, bedeutet Trennung. Gegen Norden ist das Tal dunkel und dicht, nahe liegt Hügel an Hügel, aufwärtsgewölbt hängen Wälder nieder, und in der Ferne heben sich die steileren Höhen, die an hellen, freundlichen Tagen einen milden Bogen in das Land hinein bilden. Über den Fluß liegt im ersten Dunkel der waldigen Enge das Herrenhaus. Der Fährmann Josip Poje sieht es, wenn er Menschen und Last hinüberführt. Er hat es immer vor sich. Es ist von brennender weißer Farbe und scheint plötzlich vor seinen Augen auf.

Josips Augen sind jung und scharf. Er sieht, wenn sich ferne im Gesträuch die Zweige biegen, er wittert die Gäste der Fähre, gleich, ob es die Korbflechterinnen sind, die um Ruten an das andere Ufer fahren, oder Handwerksleute. Manchmal kommt auch ein Fremder oder ganze Gesellschaften mit lachenden Männern und buntgekleideten, heiteren Frauen.

Der Nachmittag ist heiß. Josip ist ganz mit sich allein. Er steht auf der kleinen Brücke, die vom Ufer über die lange Strecke weichen Sandes führt. Die Anlegestelle ist mitten in die Einsamkeit des Buschlandes gebaut, eine Fläche, die sich sandig und versteint bis zum allmählichen Übergang in Wiese und Feld ausdehnt. Man kann das Ufer nicht überschauen, jeder Blick ertrinkt im Gesträuch, und kleine, wenig verhärtete Wege sind dazwischen wie frische Narben. Allein das Wechselspiel der Wolken an diesem unste-

ten Tag ist Veränderlichkeit. Sonst ist die Ruhe ermüdend, und die schweigende Hitze drückt allen Dingen ihr Mal auf.
Einmal wendet sich Josip. Er blickt zum Herrenhaus hinüber. Das Wasser liegt dazwischen, aber er sieht doch an einem der Fenster den »Herrn« stehen. Er, Josip, kann viele Stunden ruhig stehen oder liegen, er kann Tag für Tag das gleiche Wasser hören, aber der Herr im weißen Haus, das sie manchmal das »Schloß« nennen, muß Ruhelosigkeit in sich tragen. Er steht bald an diesem, bald an jenem Fenster, manchmal kommt er den Wald herunter, daß Josip meint, er wolle den Fluß überqueren, aber dann verneint er, so gut dies über das Brausen geht. Er streift zwecklos am Ufer entlang und kehrt wieder um. Josip sieht das oft. Der Herr ist sehr mächtig, er verbreitet Scheu und Ratlosigkeit um sich, aber er ist gut. Alle sagen es.
Josip mag nicht mehr daran denken. Er sieht forschend nach den Wegen. Es kommt niemand. Er lacht. Er hat jetzt seine kleinen Freuden. Er ist schon ein Mann, aber es macht ihm noch immer Vergnügen, die platten Steine aus dem Sand zu suchen. Er geht bedächtig im feuchten, nachgebenden Sand. Er wiegt den Stein prüfend in den Händen; dann schwingt er, sich beugend, den Arm, und in schwirrendem Flug saust das übermütige Stück über die Wellen, springt auf und weiter und springt wieder auf. Dreimal. Wenn er es öfter macht, springen die Steine aber achtmal auf. Sie dürfen nur nicht plump sein.
Stunde auf Stunde stiehlt sich fort. Der Fährmann ist lange schon ein stummer, verschlossener Träumer. Die Wolkenwand über den entfernten Bergen wird höher. Vielleicht geht der Schein der Sonne bald weg und schlingt goldene Säume in die weißnebeligen Paläste. Vielleicht kommt dann auch Maria. Sie wird wieder spät kommen und Beeren im Korb tragen oder Honig und Brot für den Herrn. Er wird sie über den Fluß fahren müssen und ihr

nachsehen, wenn sie gegen das weiße Haus geht. Er versteht nicht, warum Maria dem Herrn alle Dinge in das Haus tragen muß. Er soll seine Leute schicken.
Die späten Nachmittage bringen Verwirrung. Die Bedenken verfliegen mit dem Ermüden. Die Gedanken sind auf heimlichen Wegen. Der Herr ist nicht mehr jung. Er wird kein Verlangen tragen, das so schmerzt wie das des jungen Josip Poje. Warum muß Maria an ihn denken, wo er nie nach ihr sieht, sondern an große Dinge denkt, die unverständlich und dunkel für sie sind! Sie kann viele Male zu ihm kommen, er wird sie nicht sehen, wenn sie kein Wort sagt. Er wird ihre Augen nicht verstehen und die Schweigende fortschicken. Er wird nichts von ihrer Traurigkeit und ihrer Liebe wissen. Und der Sommer wird vergehen, und im Winter wird Maria mit ihm tanzen müssen.
Die kleinen Mücken und die Fliegen, die nach Sonnenuntergang so lebendig werden, schwärmen schon. Sie suchen immer durch die Luft, fliegen geruhsame Kreise, bis sie mit einem Mal zusammenstoßen. Dann lösen sie sich und schweben weiter, bis sich das wiederholt. Irgendwo singen noch Vögel, aber man hört sie kaum. Das Rauschen des Flusses ist Erwartung, die alles andere in sich erstickt. Es ist ein lautes Lärmen, das mit Bangen und Erregung gefüllt ist. Kühle weht auf und ein trüber Gedanke in ihr. Man müßte blind sein und sähe doch den weißen Fleck der Mauer vom anderen Ufer durch den Wald scheinen.
Der Abend ist da. Josip denkt daran, nach Hause zu gehen, doch er wartet noch ab. Es ist schwer, einen Entschluß zu fassen. Aber nun hört er, daß Maria kommt. Er sieht nicht hin, er will gar nicht hinsehen, aber die Schritte sagen genug. Ihr Gruß ist zag und hilflos. Er blickt sie an.
»Es ist spät.« Seine Stimme ist voll Vorwurf.
»Du fährst nicht mehr?«
»Ich weiß nicht«, erwidert er. »Wo willst du noch hin?« Er ist von fremder Unerbittlichkeit beherrscht.

Sie wagt nicht zu antworten. Sie ist stumm geworden. Sein Blick ist ein Urteil. Er bemerkt, daß sie nichts bei sich trägt. Sie hat keinen Korb, keine Tasche, auch kein Tuch, das sich zum Bündel wölbt. Sie bringt nur sich.
Sie ist ein törichtes Mädchen. Er ist voll Verwunderung und versteht sie nicht und verachtet sie ein wenig. Aber die Wolken haben nun ihren glühenden Saum. Die Wellen im Strom sind bedächtiger und breiter als am Tage, die Strudel inmitten dunkler und gefährlicher. Niemand wird wagen, jetzt mit einem Boot über das Wasser zu fahren. Nur die Fähre bietet Sicherheit.
Der Wind streicht über Josips Stirne, aber sie bleibt trotzdem heiß. Eine Regung, die ihn erzürnt, stürzt ihn in Verwirrung. Das Seil der Fähre stellt eine Verbindung her, löst die Grundlosigkeit und weist gerade und unfehlbar an das andere Ufer, auf das weiße Herrenhaus.
»Ich fahre nicht«, weist er Maria ab.
»Du willst nicht?« Ahnung steigt in dem Mädchen auf. Es hebt einen kleinen Beutel und frohlockt: »Ich werde dir doppelt so viel zahlen!«
Er lacht erlöst. »Du wirst nicht genug Geld haben. Ich fahre nicht mehr.«
Warum steht sie noch immer hier? Das Aufeinanderschlagen des Geldes verklingt. Zutraulichkeit ist in ihrem Gesicht und Bitte. Er verstärkt seine Abweisung und seinen Vorwurf.
»Der Herr wird dich nicht ansehen. Dein Kleid ist nicht fein, und deine Schuhe sind schwer. Er wird dich fortjagen. Er hat anderes zu denken. Ich weiß es, denn ich sehe ihn alle Tage.« Er ängstigt das Mädchen. Nach einer von Nachdenklichkeit erfüllten Minute stehen Tränen in ihren Augen.
»Im Winter wird der Herr nicht mehr hier sein. Er wird dich schnell vergessen.« Josip ist ein schlechter Tröster. Er ist bekümmert. Er wird sie nun doch über den Strom brin-

gen. Die Ratlosigkeit in seinem Gesicht breitet sich mehr und mehr aus. Er sieht zu Boden. Hier ist aber nichts als die Fülle des Sandes. Ein schöner Plan verschwimmt in der Öde starrender Unentschlossenheit.
Als Maria sich langsam wendet, um zu gehen, versteht er sie zum zweitenmal an diesem Sommerabend nicht.
»Du gehst?« fragt er.
Sie bleibt nochmals stehen. Er freut sich nun. »Ich werde auch bald gehen.«
»Ja?«
Er macht sich an der Fähre zu schaffen. »Ich denke an den Winter. Wirst du mit mir tanzen?«
Sie blickt auf ihre Schuhspitzen. »Vielleicht ... Ich will jetzt heimgehen.«
Ein wenig später ist sie fort. Der Fährmann Josip Poje denkt, daß sie vielleicht trotzdem traurig ist. Aber es wird einen lustigen Winter geben. Josip sucht einen Stein und schleudert ihn über das Wasser. Der Fluß ist merkwürdig trüb, und in der Mattheit des Abends hat keine Welle den schäumenden Silberkranz. Es ist nicht mehr als ein graues Wogen, das sich mit breiter Kraft zwischen das Land drängt und Trennung bedeutet.

Im Himmel und auf Erden

Über die Stirne Amelies lief ein roter Schatten. Sie trat vom Spiegel zurück und schloß die Augen. Da war die Spur für einen Augenblick vergangen, die Justins Hand über ihr Gesicht gezogen hatte. Er hatte sie nur einmal geschlagen und sich dann hastig zurückgezogen, um sich nicht zu früh zu verraten. In ihm war ein Sturm entfesselt, den tausend Schläge gegen Amelie nicht hätten beruhigen können.

»O Gott«, murmelt er und wusch sich die Hände. Er benützte Gott prinzipiell nur, wenn er glaubte, daß nichts mehr ausreiche, um seine Erregung auszudrücken. Amelie war zu verschreckt, um näher zu treten; aber sie wußte, daß es ihm gut tat, gefragt zu werden, und so fragte sie vom anderen Ende des Zimmers her ein leises »Was . . .?« Sie wagte jedoch nicht zu fragen: was gibt es, was ist dir zugestoßen, wer hat dich beleidigt? – denn sicher war sie der Grund seiner Erbitterung. Nach einer Weile überwand sie sich und errötete. »Kann ich es gutmachen?«

»Nein«, schrie Justin erlöst, »dieses verlorene Geld kannst du nicht mehr . . .«, er brach erschöpft ab, dann nahm er höhnend den Faden wieder auf: »Gutmachen! Gutmachen! Du bist wohl verrückt. Diesen Schuften kann man doch nicht an!«

»Hat man dich betrogen?« flüsterte sie.

»Nein«, erwiderte er, »ich habe sie betrogen, wie sie es verdienen. Ich habe ihnen das Geld abgenommen, das sie nicht verdienen. Verstehst du das? Sie verdienen es nicht.«

»Ja«, antwortete sie und sah erleichtert, wie seine Stirn sich glättete.

Bald darauf ging er. Amelie zog ihre Arbeit hervor und versuchte, die vielen Stunden einzubringen, die er sie gezwungen hatte, Partnerin seiner Selbstgespräche zu sein. Ihre Finger stolperten über die Seide, in die sie viele bunte Stiche zu setzen hatte. Zwischendurch sah sie hastig nach der Uhr, und in ihre Wünsche, er möge früh nach Hause kommen, stieg ein anderer, es möge spät werden. Alle Wünsche aber liefen dahin, das Beste für Justin zu beschwören. Gegen Mitternacht versuchte sie sich aufzurichten; aber ihr Rücken war hart geworden, und sie deutete dies dahin, daß sie in ihrer Arbeit fortfahren solle. Eine seltsame Schläfrigkeit rieselte in ihre Gelenke, und als sie Justins Schritte vernahm und sich erheben wollte, war sie dazu unfähig. Sie starrte ihm entgegen.
»Warum gehst du nicht schlafen?« fragte er mit einem Lächeln, das sie alles vergessen ließ. Sie sprang in wilder Freude auf und schlug hart hin. Sie wehrte seinen Händen, die ihr zu Hilfe kamen. »Es ist nichts«, stammelte sie.
Sein Gesicht stand dunkel vor ihr. »Du bist doch nicht krank? Du wirst mir doch keine Scherereien machen!«
»Ich bin nur ganz steif vom langen Sitzen«, besänftigte sie ihn.
»Amelie«, sagte er, und seine Stimme erhob sich vor erwachendem Mißtrauen, »willst du bestreiten, daß du nur sitzen geblieben bist, weil du wissen wolltest, wann ich nach Hause komme?«
Sie schwieg und griff nach dem Stück Seide, das ihr entfallen war.
»Du hast wieder getrunken?« sagte sie tapfer.
»Hast du auf mich gewartet, um das festzustellen?« fragte er dringender. »Ich habe mein letztes Geld verloren und du sitzt hier und wartest, um mir Vorwürfe zu machen.« Er wurde immer lauter, um ihr Schweigen zu übertönen. »Amelie«, sagte er dann so zärtlich wie zu einem kleinen Kind, »wir wollen vernünftig miteinander reden. Das geht

nicht so weiter, daß du zu Hause sitzt, mir zur Last fällst und mir Vorwürfe machst. Siehst du das ein?«
Sie nickte ihm zu und sah ihn bewundernd an.
»Ich glaube, ich habe mich jetzt lange genug auf diesem barbarischen Jahrmarkt des Lebens abgemüht.« Er warf sich in einen Sessel, zog die Taschen seines Rockes hervor und drehte sie um. »Ausgeraubt, ausgestohlen«, stellte er fest und lachte, daß Amelies Blut stillstand. Dann bewegte sie sich stumm gegen den Kasten und suchte ein schmales Kuvert unter ihrer Wäsche hervor. Sie drückte es ihm rasch in die Hand. »Das ist alles. Ich habe genäht, wenn du nicht zu Hause warst.«
Er steckte es zu sich. »Wie lange schon?« fragte er.
Sie gab keine Antwort und legte sich ins Bett. Nachdem sie das Licht verlöscht hatten, holte er tief Atem. »Es hat mich tief erschüttert, daß du schon so lange Zeit etwas vor mir geheimhältst« – er räusperte sich – »tief erschüttert«, wiederholte er und betonte jede Silbe. Sie drehte das Licht wieder auf und sah ihm mit wilder Entschlossenheit ins Gesicht. Sie stand auf und setzte sich wieder an ihre Arbeit.
»Es ist vollkommen sinnlos, daß du jetzt weiterarbeitest. Du darfst nicht hoffen, mich dadurch zu rühren«, sagte er kühl, ohne sich ihr zuzuwenden. Sie nähte noch eine Weile, dann mußte sie innehalten, weil zu viele Tränen über ihr Gesicht liefen und sie nicht wußte, wie sie sie verbergen sollte.
»Komm zu mir«, sagte er ruhig.
Sie gehorchte.
Er drückte ihr einen Schlüssel in die Hand. »Du wirst jetzt in meine alte Fabrik gehen und aus dem Panzerschrank im Kontor meine schwarze Mappe holen, die ich vergessen hatte, als ich wegging.«
»Die braune Mappe«, verbesserte sie ihn.
»Eine schwarze Mappe«, wiederholte er, »ich habe sie erst unlängst gekauft.«

»Es wird jetzt niemand dort sein«, gab sie zu bedenken.
»Ja, natürlich«, erwiderte er zerstreut, »du tätest mir aber einen großen Gefallen, wenn du doch jetzt gingest. Es macht nichts aus, weil man davon weiß.«
»Versuch zu schlafen«, mahnte sie und lief dann leise aus dem Zimmer ...
Als sie zurückkehrte, sah sie verwundert, daß er noch wach lag. Sie entdeckte, daß ihre Bereitschaft ihn versöhnt hatte, und wagte mit hellen Augen und einer leisen Melodie auf den Lippen, ihr Nähzeug wegzuräumen. Sie ging still zu Bett, flüsterte ihm »Gute Nacht!« zu und hörte glücklich die Erwiderung ihres Grußes.
Der Morgen war schön und sonnig. Es klingelte. Amelie stellte die Blumen ans Fenster und ging dann zur Türe. Freundlich beantwortete sie die Fragen der drei Polizisten und bat sie, weiterzukommen. Justin kam verschlafen dazu, tat befremdet und mischte sich nicht in das Gespräch. Die Beamten erstaunte Amelies Gleichmut, und einer fragte nun geradezu, ob sie die Mappe aus dem Kontor gestohlen habe. »Nein«, erwiderte sie, »ich habe sie heute nacht geholt.«
Justin ärgerte sich maßlos über Amelies einfältige Augen. Der Beamte forderte sie auf, mitzukommen, aber sie wollte das nicht begreifen. Sie lächelte ihn nachsichtig an und wandte sich, noch immer lächelnd, Justin zu. Da stürzte die Einfalt aus ihren Augen und wechselte mit einem Abgrund des Wissens, der mit einemmal ihn und sie und das Gefüge ihrer Beziehungen verschlang. Sie lief, ohne etwas fragen zu müssen oder erfahren zu wollen, ans Fenster und sprang in den dunklen Hof, der wie ein Schacht ein kleines Viereck gegen den Himmel freihielt ...
»O Gott, o Gott«, murmelte Justin, weil er Gott prinzipiell nur benützte, wenn er glaubte, daß nichts mehr ausreiche, um seine Erregung auszudrücken.

Das Lächeln der Sphinx

In einer Zeit, in der alle Regierenden gefährdet waren – zu erklären, worin diese Gefährdung bestand, ist müßig, denn Gefährdungen haben zu viele Ursachen und doch keine zugleich –, befiel den Herrscher des Landes, von dem die Rede sein soll, Unruhe und Schlaflosigkeit. Nicht daß er sich »von unten«, von seinem Volk her, bedroht fühlte; die Bedrohung kam von oben, von unausgesprochenen Forderungen und Weisungen, denen er folgen zu müssen glaubte und die er nicht kannte.

Als der Herrscher überdies vom Auftreten eines Schattens an den Zufahrtstraßen seines Schlosses in Kenntnis gesetzt wurde, drängte sich ihm die Überzeugung auf, daß er den Schatten, der vielleicht die Bedrohung barg, anrufen und ins Leben zwingen mußte, um ihn bekämpfen zu können. Und er stieß alsbald auf den Schatten, den man ihm gemeldet hatte; es war schwer, von ihm auf die Gestalt zu schließen, die ihn vorausschickte, weil er zu groß war, um mit einem Mal ins Auge treten zu können. Am Anfang sah der Regent nichts als ein ungeheures Tier, das sich langsam durch die Gegend schleppte; später erst gelang es ihm, an der Stelle, an der er den Schädel vermutete, ein plattes, breites Gesicht zu entdecken, das jenem Wesen gehörte, das jeden Augenblick den Mund öffnen und derart fragen konnte, daß man vor ihm seit Jahrhunderten versagte, ihm die Antwort schuldig blieb und verloren war: Der König hatte die furchteinflößende, seltsame Sphinx erkannt, mit der er um das Fortbestehen des Landes und seiner Menschen zu ringen hatte. Er öffnete also zuerst den Mund und forderte sie heraus, ihn herauszufordern.

»Das Innere der Erde ist unserem Blick verschlossen«, begann sie, »aber ihr sollt einmal hineinsehen, die Dinge vor mir ausbreiten, die sie birgt, und mir über ihr Feuer und ihre Festigkeit Bescheid sagen.«

Der Herrscher lächelte und wies seine Gelehrten und Arbeiter an, sich über den Leib der Erde zu machen, ihn zu durchbohren, seine Geheimnisse freizulegen, alles zu messen und das Gefundene in die feinnervigsten Formeln zu übertragen, deren Präzision unvorstellbar war. Er verfolgte selbst den Gang der Arbeit, der sich in prächtigen Tabellen und dicken Büchern spiegelte.

Eines Tages war es denn so weit, daß der Herrscher sein Gefolge anweisen konnte, die geleistete Arbeit vorzulegen. Die Sphinx konnte nicht umhin zuzugeben, daß die Arbeit vollkommen und unangreifbar ausgefallen war; nur schien es vielen, sie drücke zu wenig Achtung vor den Resultaten aus. Aber keiner konnte ihr nachsagen, daß sie sich nicht korrekt verhalten habe.

Wenn einige noch gefürchtet hatten, es würde nun offenbar werden, daß die Sphinx den König nur in Sicherheit hatte wiegen wollen, um dann doch noch eine Falle in der Formulierung des Rätsels zutage treten zu lassen, wurden ihre Bedenken jetzt zerstreut. Die zweite Frage war wieder unmißverständlich und einfach im Wortlaut. Gelassen forderte das beinahe entzauberte Ungeheuer, daß sich nun alle an die Feststellung der Dinge machen sollten, die die Erde bedeckten, einschließlich der Sphären, die sich um sie schlossen. Diesmal taten die Wissenschafter mit ihren Stäben noch ein übriges. Sie fügten den Aufzeichnungen eine unerhört feingliedrige Untersuchung des Weltraums an, die alle Planetenbahnen, alle Himmelskörper, Vergangenheiten und Zukünfte der Materie enthielt, mit der heimlichen Schadenfreude, der Sphinx damit eine dritte Frage vorwegzunehmen.

Auch dem König schien es ausgeschlossen, daß noch etwas zu fragen blieb, und er übergab die Lösung mit aufkeimen-

dem Triumph. Schloß die Sphinx die Lider oder war sie überhaupt blicklos? Vorsichtig suchte der Herrscher in ihren Mienen zu lesen.
Die Sphinx ließ sich so lange Zeit, die dritte Frage zu stellen, daß alle zu glauben begannen, sie hätten mit ihrem Übereifer in der Beantwortung der zweiten Frage tatsächlich das tödliche Spiel gewonnen. Als sie aber an ihrem Mund ein leises Zucken wahrnahmen, erstarrten sie, ohne daß sie zu sagen gewußt hätten, warum.
»Was mag wohl in den Menschen sein, die du beherrschst«, fragte sie in des Königs große Nachdenklichkeit. Der König hatte Lust, mit einem raschen Scherz zu antworten, um sich zu retten, nahm aber noch rechtzeitig Abstand davon und begab sich zu einer Beratung. Er stieß seine Leute an die Arbeit und zürnte ihnen, weil sie sich stoßen ließen. In Versuchsserien begannen sie, die Menschen zu entkleiden; sie zwangen ihnen die Scham ab, hielten sie zu Geständnissen an, die die Schlacken ihres Lebens zutage fördern sollten, rissen ihre Gedanken auseinander und ordneten sie in hunderterlei Zahlen- und Zeichenreihen.
Es war kein Ende abzusehen, aber das verschwiegen sie sich, denn der König ging ohnedies durch die Laboratorien, als gewänne er ihnen nicht das geringste Vertrauen ab und sinne einem schnelleren und treffenderen Verfahren nach. Diese Vermutung bestätigte sich eines Tages, als er die bedeutendsten Gelehrten und die fähigsten Staatsbeamten kommen ließ, den sofortigen Abbruch der Arbeit befahl und ihnen in geheimen Sitzungen Gedanken unterbreitete, deren Inhalt niemand weiter mitgeteilt wurde, wenngleich alle alsbald von den Auswirkungen betroffen wurden.
Kurze Zeit später lenkte ein Befehl die Menschen gruppenweise nach Orten, an denen hochspezialisierte Guillotinen errichtet waren, zu denen mit peinlicher Genauigkeit

jeder einzeln aufgerufen wurde und die ihn dann vom Leben zum Tod brachten.
Die Offenbarung, die dieses Verfahren ergab, war so überwältigend, daß sie die Erwartung des Königs übertraf; er zögerte dennoch nicht, um der Vollständigkeit und Vollkommenheit willen auch die restlichen Männer, die ihm bei der Organisation und der Aufstellung der Guillotinen nützlich waren, zu veranlassen, sich den Maschinen zu übergeben, um die Lösung des Rätsels nicht zu gefährden.
Gebeugt und stumm vor Erwartung trat der König vor die Sphinx. Er sah ihren Schatten sich wie einen Mantel über die Toten breiten, die nun nicht aussagten, was zu sagen war, weil sich der Schatten über sie gelegt hatte, um sie zu bewahren.
Atemlos forderte der König die Sphinx auf, sich wegzuheben, um seine Antwort entgegenzunehmen, aber sie bedeutete ihm durch eine Gebärde, daß sie danach nicht verlange; er habe auch die dritte Antwort gefunden, er sei frei, sein Leben und das seines Landes stünden ihm zur Verfügung.
Über ihr Gesicht trat eine Welle, aus einem Meer von Geheimnissen geworfen. Sodann lächelte sie und entfernte sich, und als der König sich aller Ereignisse besann, hatte sie die Grenzen überschritten und sein Reich verlassen.

Die Karawane und die Auferstehung

Als der alte Mann, der gestorben war, sich nach wenigen Schritten umsah, begriff er nicht, warum sich auch hinter ihm die unabsehbare Wüste dehnte, die vor ihm lag. Er hätte nicht zu sagen vermocht, ob es Sand war, auf dem er so mühelos dahinging, oder glatter Asphalt, denn das Licht, das über der leeren Landschaft lag, war nicht Licht in irgendeinem Sinn, in dem er es früher gekannt hatte. Es gab weder Farben noch Schatten, es war glanzlos, ungreifbar, seine Wellen waren wohl nicht zu messen, seine Geschwindigkeit nicht festzustellen; es war also nicht Licht, und doch nannte es der alte Mann bei sich so.

Einfach war die Landschaft beschaffen, in die er geraten war. An welcher Stelle er sie betreten hatte, war nicht auszumachen, es schien ihm nach allen Seiten keinen Anfang und kein Ende zu geben, und dennoch wußte er, daß er erst kurze Zeit in dieser Wüste wanderte. Der Mann erinnerte sich noch der quälenden Schmerzen, von denen er in den letzten Tagen seines Lebens befallen gewesen war, und fühlte befremdet, daß es ihn nicht erleichterte, sie verloren zu haben und so mühelos ausschreiten zu können.

Als er sich nach einer Weile wieder umwandte, sah er sich nicht mehr allein. Hinter ihm, in einem Abstand, den er nicht zu schätzen vermochte, marschierte mit fröhlich erhobenem Kopf ein Knabe, und ein paar Schritte hinter dem Kleinen bemerkte er ein junges Mädchen; ihr Kopf war von einer Haarflut überschwemmt, wie sie die magere, schwindsüchtige Gestalt kaum tragen zu können schien.

Der alte Mann hatte das Gefühl, daß der Knabe und das Mädchen ihn wahrgenommen hatten und einander wahrnahmen, aber er wußte nicht, wie eine Verständigung her-

zustellen war. Vielleicht war es das beste, stehenzubleiben und zu warten, bis sie ihn erreicht hatten.
Wie er es aber auch anstellen wollte, stehenzubleiben – es gelang ihm nicht. Das ist der Tod, stellte er bei sich fest; man kann nicht mehr stehenbleiben.
Er wandte sich einigemal um und blickte auf seine Weggefährten, die sich nun schon um zwei weitere Personen vermehrt hatten. Dem zerbrechlichen jungen Mädchen folgte ein junger Mann, der sich auf Krücken fortbewegte. Hinter dem Invaliden kam eine gebückte alte Frau und bildete den vorläufigen Abschluß der Karawane.
Je länger die Wanderung dauerte und Gleichgültigkeit und Gleichförmigkeit auf die kleine Menschenschar ihre Gewalt ausübten, um so trauriger und sinnloser wurde für jeden einzelnen der ziel- und weglose Marsch, wenn auch wirkliche Traurigkeit keinen von ihnen mehr hätte ergreifen können. Ihr Denken und Fühlen war keineswegs ganz erloschen, aber nahezu ohne lebendigen Inhalt, so daß es sich nur mit sich selbst beschäftigte, richtungslos und einsam kreiste, und Gedanken sich müde an Gedanken schlossen.
Manchmal dachte der alte Mann: Es war Frühling, und der Wind trommelte ans Fenster, als ich starb. Mein Sohn spielte auf seiner kleinen Geige, einem viel zu kleinen Instrument, als daß ich es richtig hätte hören können. Meine Tochter sagte: »Vater!« – und noch einige Male »Vater!«. Zum dritten Male schien die Sonne in diesem Jahr.
Manchmal dachte das junge Mädchen: Es war Frühling, und der Wind trommelte ans Fenster, als ich starb. Meine Hand lag in der Hand des kurzsichtigen Arztes, der sie sanft drückte und hin und wieder sagte: »Wie wunderschön ihr Haar ist!«
Der junge Mann schwang sein Bein ab und zu schneller vor, zwischendurch tat er, als greife er im Gehen in seine Tasche, um eine Zigarette hervorzuholen: Es war Frühling

und ich dachte: Gott ist tot. Er drückt einem seine schwere Hand auf den Mund, damit man nicht schreien kann, und er läßt den Wind an unsre Brust trommeln, an unsre Augen und an unsre Stirn, und die Zigarette erlischt, ehe man schreien kann.

Hin und wieder hatte die alte Frau Lust zu murmeln: Ach, hätte doch jemand Feuer im Ofen gemacht, hätte mir doch jemand die dicken Strümpfe von den Füßen gezogen und mich zu Bett gebracht. Mit beiden Fäusten trommelte der Wind ans Fenster und rief: »Schlaf nicht ein, mach Feuer im Ofen, zieh dir die Wollmütze über den Kopf und denk dir ein Märchen für dein Enkelkind aus!« Ach, wäre doch das Kind gekommen und hätte mich gebeten, das Märchen von dem weißen Osterlamm zu erzählen, das in eine Wolke verwandelt wurde. Ach, wäre doch der Wind durchs Fenster geflogen und hätte Feuer gemacht . . .

Nur der Knabe wußte nichts von Geigen, die zu leise klingen, und von Töchtern, die »Vater« sagen, nichts von schönen Haaren, nichts von Gott, der tot ist und einem dennoch die Beine vom Leib reißen kann; nicht einmal von Großmüttern wußte er, die auf Enkelkinder warten und kein Feuer mehr im Ofen anfachen können.

Was ist Frühling? hätte er fragen wollen. Das ist doch nicht der Frühling, von dem ihr sprecht! Den müßt ihr mir einmal zeigen, den wunderbaren, goldblauen Frühling, der mit einem Gefolge von Kirschblüten und klingenden Himmelschlüsseln kommt, in dessen Wolkenwagen die Engel fahren und die Sonne wie einen feurigen Schild tragen, an dem die Pfeile des Winters zerbrechen. Oh, was wißt ihr vom Frühling!

Er hätte keinem von den anderen geglaubt, daß das schon der Frühling war, wenn wirbelnde Winde an die Fenster des Waisenhauses trommelten, in dem er sein Leben lang still auf dem gleichen Platz gelegen war. Seine unentstiegene Sehnsucht wartete auf wunderbare Töne, die er noch nicht kannte, auf Worte, die er noch nie gesprochen hatte, und auf einen Menschen, der noch nicht auferstanden oder schon lange gestorben war.

Das weite, leere Land, in dem er sich jetzt fand, war nicht leerer als das, in dem er gelebt hatte, und es dünkte ihn, daß noch nichts anders geworden war, daß sich aber noch vieles ändern müsse.

Jeder seiner Schritte war von einer Fröhlichkeit, die er den anderen gerne mitgeteilt hätte. Aber diese Fröhlichkeit hatte keinen Namen, und er hätte sie nicht über die Lippen gebracht, selbst wenn es eine Möglichkeit gegeben hätte.

Plötzlich aber brach in die Eintönigkeit und die unbeschreibliche Leere eine Erschütterung, unter der der Knabe wankte und zusammenzubrechen drohte, wenngleich er weiterschritt und man kaum eine Veränderung an ihm wahrgenommen hätte. Bei der zweiten Erschütterung, die folgte, vermochte er die Hände zu regen und den Mund zu öffnen, aus dem ein Laut grenzenlosen Erstaunens brach, ohne daß das gleiche auch dem alten Mann und den anderen, die sich hinter ihm befanden, widerfuhr. Und als er zum drittenmal von dem rauschenden, dröhnenden Klang geschlagen wurde, wußte er, daß Glocken mit solch ungeheurer Wucht die Karawane in der Abgeschiedenheit und Verlorenheit ihres Unternehmens trafen und daß die Stunde gekommen war, in der es am Entschluß der Wandernden lag, ihren ziellosen Weg zu beenden und heimzukehren, wo sie noch nie oder schon immer zu Hause gewesen waren.

Mit einer Beweglichkeit, die er nie gekannt hatte, stürzte der Knabe aus der Reihe, die bisher keiner sprengen konnte, und stürzte vor zu dem alten Mann, der zwar verwundert wahrnahm, daß dem Knaben eine Kraft gekommen war, die er selbst nicht besaß und keiner der anderen, aber nicht verstand, was ihm das Kind mit zitternden Lippen vortrug.

»Alter Mann«, sprach es aus dem Kind, das mit einem Male, ohne eine einzige Sprache zu beherrschen, alle Sprachen auf seinen Lippen hatte, »die Glocken schlagen zum vierten und fünften Male! Hörst du die Glocken nicht, die ›Vater‹ rufen?«

Als der Knabe merkte, daß der alte Mann die Glocken nicht vernahm, stürzte er zurück und überfiel das Mädchen mit seinen stürmischen Bitten: »Horch! Sechsmal ... siebenmal ... die Glocken schlagen ...« Aber das Mädchen hob kaum den Kopf und ging unberührt weiter. Der Invalide hört wohl auch die Glocken nicht, denkt der Knabe und zählt jeden Glockenschlag. Acht ... neun ... Vielleicht spürt die alte Frau, daß ich ihr Enkelkind bin. »Großmutter, der Wind trommelt ans Fenster und will Feuer machen, sobald du nur deine Wollmütze über den Kopf gezogen hast und auf die Glocken hörst! Zehn ... Großmutter!« Fremde alte Frau! Elf ...

Der Knabe schluchzt, und Flammen schlagen in ihm empor, und er möchte eine Stimme haben, stärker als die große, dunkle, mächtige Glocke, die das zwölfte und letzte Mal an das weite, leere Land schlägt.

Und wenn sie auch niemand hört, jetzt sehen alle das flammende Kind, denn sie sehen und gehen ja noch, der alte Mann, der Invalide, das schwindsüchtige Mädchen und die Großmutter. Und die Glocke schlägt zum zwölften Male und schlägt stärker als alles, was je an ihre Ohren geschlagen hat, und sie bleiben stehen. Und das weite, leere Land ist nicht mehr, und der Weg ist nicht mehr, und die Wandernden selbst sind nicht mehr.

Nur an der Stelle, wo das Kind zu brennen anfing, steht eine kleine Flamme im unermeßlichen Dunkel, das alles Zwielicht verschlungen hat.

Der Kommandant

Ein Fragment aus dem frühen Roman ›Stadt ohne Namen‹

S. fuhr schwer aus dem Schlaf. Im Fenster traten die Vorhänge auseinander. Dunkel und dicht lag die Nacht draußen. Er hielt die Augen in das Schwarzblau geöffnet, ohne etwas darin wahrzunehmen, während in seinem Kopf fremde Geräusche gurgelten. Müdigkeit griff nach seinem Arm, der sich verängstigt in die Richtung des Lichtschalters bewegte, und überfiel ihn so plötzlich, daß er sein Vorhaben aufgeben mußte.

Er fand sich kaum zurecht. Doch da war die breite Straße wieder, eine begeisternde, tiefrote, breite Straße. Fröhlich schritt er aus und näherte sich der Station. Ein Zug rollte heran. Nur mehr wenige Schritte hatte er zu machen, um ihn zu erreichen und mitzukommen; dennoch hielt er an. Es wurde ihm noch rechtzeitig bewußt, daß er seine Ausweispapiere vergessen hatte. Was war ihm nur eingefallen, ohne Ausweis wegfahren zu wollen!

Er kehrte zurück. Kühl und wohltätig, seine Hast dämpfend, umfing ihn das strenge Weiß seiner Wohnung. Ehe er sich erneut auf den Weg machte, ließ er sich in den kühlsten und weißesten der Stühle fallen und atmete ein paarmal tief.

Die Station erreichte er gleichzeitig mit dem Zug. Das erschien ihm köstlich und bedeutungsvoll, und er erklomm die hohen Stufen behender, als er es zu tun pflegte.

Ein Klingeln zeigte die Abfahrt an. Im allerletzten Augenblick gelang es ihm, mit einem gefährlichen Sprung wieder die Straße zu erreichen. Seine Vergeßlichkeit war ihm ärgerlich bewußt geworden; er hatte seine Legitimation nicht zu sich genommen, und es blieb ihm nicht erspart, noch einmal zurückzugehen. Diesmal gönnte er sich keine Ruhe,

er wagte nicht einmal, sich einem der verlockend bequemen Stühle zu nähern, sondern verließ die Wohnung sofort wieder, nachdem er sie betreten hatte.
An der Station unterdrückte er die Verzweiflung, die in ihm aufbrannte, denn er wußte sich wieder ohne Dokument. Aber nun war er entschlossen, auch ohne die wichtigen Papiere auf dem Fußweg sein Ziel zu erreichen!
Er nahm alle Abkürzungen, die ihn zeitsparend dünkten, und kam nach kürzester Zeit zur Kontrollbarriere XIII. Seine Vermutung bestätigte sich. Vier bis fünf Männer standen, ihren Dienst aufmerksam versehend, vor der kleinen Hütte neben der Barriere.
»Guten Tag«, lächelte S. vorsichtig.
»Die Papiere, bitte«, begann einer freundlich.
»Ich will nicht hinüber«, versicherte S., berauscht von einem Einfall. Die Männer blickten einander an, als mißtrauten sie ihm. Er zerstreute ihre Bedenken.
»Wir haben einen heißen Tag heute«, sprudelte er munter hervor.
Einer der Uniformierten zerkaute eine Überlegung.
»Wenn Sie in die Hütte hineingehen«, setzte der Posten endlich ein, »sehen Sie drin einen von uns liegen. Vielleicht ist er betrunken, aber nehmen Sie ihm ruhig das Glas aus der Hand. Er hat heute dienstfrei und kann machen, was er will.«
Blinzelnd nahm S. dies zur Kenntnis. Das gefiel allen, und nachdem er eine Weile in der Hütte gewesen war, kamen die anderen dazu, um nach ihm zu sehen.
»Ausgezeichneter Keller«, lobte S. und reichte das Glas herum. »Ihr müßt mir aber Gesellschaft leisten, sonst habe ich keinen rechten Genuß.«
Sie tranken zögernd.
»Es versteht sich von selbst«, erklärte S., »daß ich darüber zu niemandem sprechen werde, am wenigsten zu eurem Kommandanten.«

»Wenn man nur überhaupt verstünde, warum man für dieses bißchen Trinken bestraft wird!« sagte einer, schluckte hastig und dachte weiter nach. »Man könnte ebenso gut für das Essen von Obst bestraft werden.«
Sie tranken und scherzten fort; ab und zu sah einer nach der Barriere, aber niemand kam an diesem heißen Tag vorbei. Nachdem eine geraume Zeit vergangen war, wollte S. die Hütte verlassen. Er warf sein Glas an die Wand, so daß die Scherben den erschrockenen Wächtern vor die Füße fielen und keiner wagte, ihn aufzuhalten. Als er sie verlassen hatte, tröstete der Älteste die anderen. »Dieser Mann wird uns nicht gefährlich werden.«
Der Gedanke übertrug sich auf S. »Ich werde diesen armen Burschen nicht gefährlich werden«, dachte er und setzte seinen Weg fort, als kennte er ihn.
In Wahrheit wußte er jedoch nicht, wohin ihn seine Absicht führte, die ihm nun nicht mehr so deutlich schien, wie anfangs. Er hatte sich zum Beispiel gedrängt gefühlt, seine Papiere ordnungsgemäß mitzuführen – nicht daß sie ihm hätten Aufschluß geben können, aber man hätte ihm vielleicht an der Barriere bedeutet, daß er diese oder jene Bestimmung habe, oder an einen bestimmten Ort befohlen werde. Nun aber gehorchte er nicht einem Weg, der ihm vorgeschrieben war und der aus seinen Papieren hervorging, sondern einem, von dem er hoffte, er würde ihn aus eigenem wählen und finden dürfen.
Zu beiden Seiten der Straße sausten die Telegraphendrähte; er horchte den fliegenden Signalen nach und war wunderbar belebt von dem Gedanken der Mitwisserschaft, bis ihm einfiel, daß er wohl vom Sausen der Drähte und der Übersendung von Berichten wußte, keinesfalls hingegen von ihrem Inhalt, der vielleicht ihn selbst betraf. Müde senkte sich sein Kopf zu Boden, aber sein Tempo ließ nicht nach; noch hatte er keinen Grund, aufzugeben und zurückzuschrecken, denn nach jeder Seite vermutete er Gutes und

Böses, ohne daß er für das eine oder andere Bestätigungen finden konnte. Der Wein, der sich leicht in ihm eingenistet hatte, verscheuchte seine Gedanken und schob ihm ein fröhliches Lied auf die Lippen.
Plötzlich hielt er an. Tönte seine Stimme nicht vertausendfältigt in die Gegend? Er preßte seine Hand auf den Mund, der sich anfühlte, als wäre er zu einem riesigen Instrument angewachsen, aber das Lied sang sich trotzdem weiter. Vielleicht fehlte nun die Stimme, die er dazu beigesteuert hatte, aber wer hätte das genau feststellen können? Endlich klärte sich der Himmel zu beiden Seiten der Straße und gab die Urheber der Stimme frei. Ein unübersehbarer Trupp von Uniformierten marschierte singend auf gleicher Höhe mit S., ja, man könnte sagen, eine Handbreit hinter S., wenn nicht auf diese Weise der Eindruck entstünde, daß S. die Marschierenden anführte – und es wäre ihm nichts ferner gelegen, als diese Leute anzuführen, da er ja selbst seines Weges und Zieles nicht sicher war. Es kam ihm jedenfalls nicht zum Bewußtsein, daß er ihnen in der Mitte der Straße um diese Handbreit voranschritt und daß die Kolonnen am Straßenrand den Eindruck eines Gefolges erweckten.
Immerhin sang sich das Lied jetzt, seit es Unterstützung gefunden hatte, leichter, und man bezwang die öde, endlos wirkende Straße müheloser und schneller.
Gegen Abend mündete die Straße in eine Treppe, die sich ebenso breit und grau gegen den Horizont abzeichnete. Über der Treppe erhob sich ein Bau von überwältigender Einfachheit. Fenster liefen so unaufhörlich zur Höhe, einer grandiosen Höhe, daß man die Augen schließen mußte. Zwischen ihnen verbarg sich ein Netz feiner Apparate und ließ eine komplizierte Maschinerie hinter der kahlen Fassade ahnen.
S. blickte befriedigt auf die schwarzen Lettern, die zwischen der ersten und zweiten Fensterreihe die Aufschrift

»Kommandantur« ergaben, und war überzeugt davon, daß man ihn vorgeladen hatte und daß er hier eine Weisung empfangen sollte.
Unbesorgt schritt er die Treppe hinauf und hörte, daß die marschierenden Kolonnen anhielten und er allein den Weg fortsetzte.
Lautlos flogen die Flügeltüren auf; er eilte an zwei undurchdringlich vor sich hinblickenden Wachen vorbei, die ihre Gewehre stumpf zu Boden gestreckt hielten, und sah sich in einer Halle, die ihm den Atem nahm vor Weite, Leere und Stille. Tiefer im Raum schien eine Beratung abgehalten zu werden. Dem Flüstern, das sich auf- und abschwellend zu ihm fortpflanzte, entnahm er, daß der neue Kommandant zur Übernahme der Geschäfte erwartet werde.
S. zögerte, weiter zu gehen, bis sich ein Mann aus der Gruppe löste und sich ihm mit entschiedenen, sicheren Schritten näherte. Mit einem gleichgültigen Blick maß er S. zuerst, nahm dann jedoch die Haltung einer niederen Charge an und bat ihn mit leiser, monotoner Stimme, sich zum Stab zu begeben.
Den Uniformierten mit einem halb wohlwollenden, halb Distanz gebietenden Blick zurücklassend, setzte S. die Durchquerung des Saales fort. Die letzten hundert Schritte, die ihn noch von der Gruppe der Beratenden trennten, machten ihn zum Zeugen einer lebhaften Auseinandersetzung. Niemand schien zu wissen, wer der neue, zu erwartende Kommandant war, und S. fürchtete, die Kommandantur in einem äußerst ungünstigen Augenblick erreicht zu haben und wenig oder gar nichts zur Aufklärung der erlauschten Zweifel beitragen zu können.
Zwanzig Schritte, zehn Schritte . . . Der Widerhall an den Wänden konnte kaum nachkommen, so atemlos stieß S. gegen das Ende des Saales vor.
Durch die Gruppe der Beratenden ging ein hörbarer Ruck.

Die Partner ließen voneinander ab und wandten sich mit einem Ausdruck der Sammlung dem Ankommenden entgegen.
S. fühlte, daß dem Augenblick eine Bedeutung zukam; er streckte seine Hand aus, aber niemand wollte sie ergreifen. Schließlich fing er zu glauben an, man habe hier auf geheimnisvolle Weise schon erfahren, wie er ohne Legitimation die Barriere passiert hatte, und wurde totenblaß, als er sein Spiel verloren wähnte. Niemand schien jedoch darauf acht zu haben, denn alle starrten geradeaus oder an ihm vorbei. Endlich löste sich einer der Versammelten aus der Gruppe, trat auf S. zu und hieß ihn willkommen.
Hatte er »Mein Kommandant« gesagt? S. stand unbeweglich, versuchte in den Gesichtern der Umstehenden zu lesen, suchte Anklage, Hohn, Kritik und Urteil, aber er fand nur Zustimmungen, die alle zu einer so blassen, fürchterlichen, zweifelsfreien Zustimmung zusammenflossen, daß er den Kopf senkte, um nicht einen Befehl in diese Gesichter zu schleudern.
Der Kommandant, den man gesucht hatte, war er. Dünne Musik setzte minutenlang ein, verdünnte Trompetenstöße fanden aus einem Nebenraum in den Saal, und ein dünner Schrei, ein spitzes, farbloses »Hurra« drang von weit her, vom Treppenaufgang, so nahm S. an und erinnerte sich der uniformierten Truppen, die mit ihm des Wegs gekommen waren.
Dann schüttelte er alle die Stimmen und Töne ab, schritt auf den »Stab« zu, sprengte ihn mit einer Handbewegung auseinander, bedeutete ihm, sich zu seiner Verfügung zu halten, und verlangte nach seiner Arbeit.

Bei der Durchsicht des Fernsehmaterials entdeckte man die unzulängliche Bewachung der Barriere XIII. Der Akt entwickelte sich schnell, und als er in die dritte Rollbahn zu den »Hauptleuten« einschwenkte, enthielt er bereits die genauesten Details über dieses ungewöhnliche Vorkommnis. Die Hauptleute, die im allgemeinen an der Aufdekkung von Unzulänglichkeiten in ihrem Bereich wenig Anteil nahmen, versäumten diesmal die Gelegenheit nicht, die Unterlagen aufs Genaueste zu überprüfen, um damit vor den neuen Kommandanten treten zu können und seine Aufmerksamkeit auf sich zu ziehen.

Selbst das Spiegelzimmer, das der Kommandant bezogen hatte und welches zu betreten alle Untergebenen schreckte, vermochte sie nicht abzuhalten. An Hand einer Spezialkarte wiesen sie dem Kommandanten, dem die Strenge und Vielfalt der Spiegel fast das Gesicht zu rauben schien, die Zusammenhänge vor, die nun neuerdings ergaben, daß das Delikt sich nicht auf die Wachmannschaft der Barriere XIII beschränken konnte, sondern daß ein dazu nicht Befugter sie an der Ausübung ihres Dienstes gehindert oder zumindest ihre Aufmerksamkeit mit Vorbedacht abgelenkt hatte.

Die inzwischen festgenommene Wachmannschaft, die die Störung eines ungemein klug angelegten Netzes zugelassen hatte, wurde von den Hauptleuten schon bereit gehalten, um dem Kommandanten selbst die Untersuchung zu ermöglichen. Diese aufmerksam getroffene Maßnahme fand das Lob des Kommandanten, der nicht nur durch die Hauptleute ein Verhör der Wachposten verlangte, sondern auch selbst in die Befragung eingriff.

Es stand in kurzer Zeit fest, daß diese Leute einer Verurteilung nicht entgehen konnten. Entgegen dem Verbot hatten sie Alkohol zu sich genommen und außerdem eine Person, den Hauptschuldtragenden, nicht an der Überschreitung der Barriere gehindert, obwohl ihnen keine Papiere vorgelegt wurden, ja, die Papiere fanden sich sogar, ohne ihren Besitzer, in dessen verlassenen Aufenthaltsräumen und waren auf die Gruppe S. ausgestellt.

Nachdem der kleine, hilflose, geständige Trupp von der

Barriere XIII den Spiegelsaal verlassen hatte und zur Verurteilung schritt, begann für den Kommandanten ein aufreibendes Nachspiel. Er war entschlossen, mit allen Mitteln die Feststellung des Hauptschuldigen zu betreiben und den gesamten, ihm zur Verfügung stehenden Apparat in Bewegung zu setzen, um sein Wirken nicht mit einem Fehler zu beginnen, der im weiteren Verlauf den Zusammenbruch der Ordnung nach sich ziehen konnte. Allerdings war es ihm nach Stunden noch unfaßbar, wo sich der den Maschen der Apparate Entgangene befinden konnte, da jeder Quadratmeter des Bodens kontrollierbar war und kontrolliert wurde. Nach festgesetzten Zeiträumen erschienen immer wieder die Hauptleute mit nichtssagenden Berichten im Spiegelsaal. Den Kommandanten fanden sie mit gesenktem Kopf, verbissen in Gedanken, die nicht fähig waren, zu beschwören, was er ihnen befahl. Der andauernde Kampf hatte ihn allmählich ermüdet, und als er nun glaubte, des Apparates und seiner selbst nicht mehr sicher zu sein, als er den wieder Eintretenden spöttisch und gequält entgegensah, fuhr er zurück, denn einen Augenblick lang meinte er, die Erscheinung des Gesuchten zu sehen.
Mit schneidendem Befehl hieß er die erschrockenen Hauptleute gehen. Dann suchten seine Augen über die Spiegel, jagten die Schnitte und Brennpunkte auf und ab, besessen von der Gewißheit, an der nächsten Kurve auf den Kopf des Schuldigen zu treffen, der vielleicht schon lange hier ein gelungenes Spiel spielte und sich zwischen den überscharfen Gläsern, mit denen die Wände kreuz und quer bedeckt waren, in Sicherheit bringen konnte. Wie er hier Eingang gefunden hatte, begriff er zwar nicht, wenn dies aber irgendwie hatte geschehen können, mußte die Wahrheit dieser vielen Spiegel eine unvollkommene sein.
Taumelnd durchquerte der Kommandant den Saal, aus vielen Hinterhalten bedroht, und immer sicherer, daß der

raffiniert gebaute Saal wohl Überblick aber nicht Einblick geben konnte. Er riß die Türe auf und läutete Wachen herbei.
»Nehmt die Spiegel ab!« keuchte er. »Laßt nur einen einzigen stehen!«
Sich einem Befehl zu widersetzen, war nie Sache dieser Wachen gewesen; nun aber standen sie regungslos und nicht bereit, den Auftrag auszuführen. Die Hauptleute kamen hinzu und wußten ebensowenig, was gegen die Raserei des Kommandanten zu tun war. Endlich wagte man nicht länger, sich zu weigern, und riß die Spiegel nieder, doch es gelang nicht, einen einzelnen von der Zerstörung auszunehmen.
Ehe man sich um die Wirkung auf den Kommandanten kümmern konnte, hatte dieser sich abgewandt und war mit einem vorbeirollenden Wagen in die Tiefe gefahren. Er verlor einigemale den Weg, ehe er das Haupttor fand, aus dem er sich ins Freie rettete.
Die einzige Richtung, die er einschlagen konnte, führte geradewegs zur Barriere XIII. Bei den neu eingestellten Wachen war dort inzwischen die Meldung eingetroffen, daß der Kommandant im Begriff sei, in seinem Spiegelsaal des Gesuchten habhaft zu werden.
Als S. die Barriere erreichte, war der Posten nicht in der Lage, ihn anzuhalten. Es lag einzig in seiner Macht, ihm die Überschreitung der Barriere zu untersagen, weil er keine Ausweispapiere bei sich hatte. Anfangs erschrocken, besann sich S. und lachte erlöst auf; tatsächlich, er hatte seine Papiere zu Hause vergessen, er würde sofort umkehren und sie holen.
War sein Zuhause aber nicht jenseits der Barriere? Und wenn seine Papiere sich jenseits der Barriere befanden, wie war er jemals auf diese Seite der Barriere gekommen? Nichts erklärte den unbegreiflichen Wechsel, der sich über ihn oder unter ihm hinweg vollzogen hatte. Angesichts sei-

ner Lage zog er den Schluß, daß er wieder zurückwandern müsse.
Zerstreut verabschiedete er sich vom Wachposten und trottete die breite Straße zurück, die sich, weiß Gott wo, im Horizont verlief. In seiner Müdigkeit begann er ein Lied zu summen, er summte ein wenig verdrossen, ein wenig gleichgültig, bis ihm war, als summte er in einem großen Chor.
Zu beiden Seiten der Straße aber hing Nebel oder Dunst von der Hitze, und er hatte den Eindruck, allein zu wandern. Dann riß der Himmel auf. Zwei lange Züge mit Uniformierten schleppten sich zu beiden Seiten eine Handbreit hinter ihm, und es sah beinahe aus, als führte er sie an. Keiner zählte die Zeit, die sie brauchten, um die große Treppe zu erreichen, die einem großartigen Gebäude vorgelagert war. S. stieg empor, er wußte nicht, wo die anderen geblieben waren, schritt in den vom Widerhall lebhafter Auseinandersetzungen erfüllten Saal und drang vor, ohne zu zögern, obwohl er dachte, daß er die Versammlung, die am anderen Ende des Saales stattfand, nicht stören dürfe. Bruchstückweise fing er Worte auf, die in einer Gruppe Beratender fielen: man erwartete den neuen Kommandanten.
Sollte er weiter vorgehen? Sollte er nicht einen anderen Augenblick wählen, um den Saal zu durchqueren?
Da stand er schon vor dem »Stab«, der verstummte und ihn kaum merklich willkommen hieß. S. wartete zu, denn ihm war nicht klar, wie er hier aufgenommen werde und was er hier zu tun hatte. Endlich löste sich einer aus der Reihe und hieß die anderen auseinandertreten. Eine schmale Gasse stand offen. Der Älteste der Gruppe flüsterte etwas, das klang wie: »Mein Kommandant.«
S. trat in die Gasse, wandte sich um und gab den ersten Befehl in die demütigen, erloschenen Gesichter.
Er war der neue Kommandant.

Auch ich habe in Arkadien gelebt,

... aber eines Tages war meine Zeit um, und ich nahm Abschied. Es war spät im Herbst. Aus den Büschen fielen faule Beeren, und die Schafe kamen die Hügel herunter, frierend und hungrig, denn über Nacht hatte der Wind das Gras aus den Bergwiesen gespült und an die felsigen Ufer geworfen. Auf silbernen Geleisen – zwei letzten Sonnenstrahlen – trug mich der Zug fort. In der Nacht erreichte ich die Grenze. Die Zollbeamten beschlagnahmten mein Gepäck, und als ich mein Geld umwechseln wollte, bedeutete man mir, daß hier eine andere Währung galt. Bedauerlicherweise war zwischen meiner Heimat und den anderen Ländern kein Abkommen getroffen worden, das einen Kurs festsetzte. Also war auch mein Geld wertlos.

Aber ich verlor den Mut nicht. Schon in der ersten Stadt lernte ich viele freundliche Menschen kennen; sie halfen mir, wo sie konnten, und ich fand bald Arbeit in einer Fabrik. Später ging ich zu einer Straßenbaufirma. Es war Frühling, und es war die erste Straße, die ich sah, eine wunderbare Straße, die die schwersten Fahrzeuge trug, eine große, herrliche Straße, auf der man bis ans Meer fahren konnte. Aber das Meer war weit, und es lagen viele Stationen davor, kleinere Städte und sehr große; auch eine Weltstadt war darunter. Einige Chronisten dieser Stadt sprachen die Vermutung aus, daß sie sich auf den Ruinen des alten Babylon erhebe, aber ihre beglaubigte Geschichte schien mir blaß und nichtig vor ihrer Gegenwart.

Diese Stadt ließ mich nicht mehr los, denn alles, was ich tat – ob ich nun an der Börse spielte, Maschinen baute oder den Ertrag von Plantagen zu steigern versuchte –, war so merkbar von Erfolg begleitet, daß es alle meine Erwartungen übertraf. Als mein Name zum erstenmal in den Zeitungen genannt wurde, war ich glücklicher als je zuvor in meinem Leben, und ich beschloß zu bleiben. Ich hätte jetzt jederzeit ans Meer fahren können, doch dazu kam es nicht mehr, denn ich hatte immer neue Versprechen einzulösen, die ich gegeben hatte, immer neue Aufgaben zu erfüllen, die ich übernommen hatte, mich immer neu zu bestätigen, da man nun einmal mich bestätigt hatte.

An manchen Abenden fuhr ich, wenn ich sehr müde war, bis zur Ausfallstraße, die ans Meer führt, holte aus meiner tiefen Müdigkeit und Ergebenheit das Bild des unbekannten Meeres hervor und sank, halb schlafend, der Ferne entgegen und dem unendlichen Himmel, der mit dem Meer den Erdkreis schließt. Sobald die Benommenheit wich, kehrte ich ernüchtert zurück und sagte mir, daß mir diese Reise noch immer bliebe und daß sie mir im Augenblick nichts eintragen konnte, nichts, was ich nicht schon besäße.

Jahre kommen und vergehen, die Menschen kommen und gehen, und die Zeit und die Menschen wollen mir wohl, und ich habe meinen Platz unter der Sonne.

Nun erreicht mich seit einigen Tagen, in Augenblicken, in denen ich keine Zeit habe, ihm Aufmerksamkeit zu schenken, der Ton einer Flöte, eine vom Wind zerrissene Melodie, ein von großer Entfernung geschwächter Ruf, und mir ist, als käme er von den herbstlichen Hügeln, die ans Blau eines makellosen, frühen Himmels grenzen. Oder ist es der Ton der Glocken, mit denen die weißen Lämmer ans Gebüsch streifen, wenn sie den Weg ins Tal nehmen? Oder rührt es vom Summen der silbrigen Strahlengeleise, die zu den Hütten am Bach führen und von dort geradewegs in den Sonnenball münden, der wie ein großer, versinkender Bahnhof alle Züge in den Himmel heimholt?

Hier werde ich manchmal um das Geheimnis des Erfolges befragt, und ich könnte euch sagen, daß es mir gelänge, bis ans Meer zu kommen und allen Straßen und allen Wassern der Welt meinen Namen einzuschreiben, wenn mir die Hoffnung bliebe, daß ich am Ende der Tage heimkehren könnte und die staunenden Hirten, die Hügel und Bäche meiner Heimat den Besitz begriffen und würdigten, den ich erworben habe. Aber die Währung zwischen hier und dort ist noch immer eine andere, und führe ich zurück, so käme ich nicht reicher heim, als ich fortzog, nur ein wenig älter und müder, und ich hätte vielleicht nicht mehr das Herz, mich zu bescheiden.

Nun aber erreicht mich wieder eine vom Wind verstärkte Melodie, aus schrecklicher Nähe ein nicht zu überhörender Ruf, und mir ist, als käme er aus meinem Herzen, das über mir zusammenschlägt, als legten sich mir die herbstlichen Hügel an die zitternde Brust, und als zöge der makellose Himmel in mich ein, um mich zu töten. Oder ist es der Ton einer Glocke, die ich trage, wenn meine Sehnsucht an die Büsche streift, um die roten, reifen Früchte des letzten Jahres zu ernten? Oder rühren diese Klänge vom Dröhnen der im Abendglanz sprühenden Geleise, die mich an die Hütte am Bach tragen und von dort geradewegs auf den zerfließenden Sonnenball, der wie ein riesiger, versinkender Bahnhof alle Wanderer in den Himmel heimholt?

Ein Geschäft mit Träumen

Abends verließ ich immer als letzter das Haus; ich hatte die Schlüssel zum Portier zu geben, und wenn ich im Tor stand, ehe ich mich auf den Heimweg machte, blieb mir noch die getane Arbeit zu überdenken – ich mußte mir vorstellen können, ob alle Schriftstücke abgelegt und in den Laden verschlossen waren, und ob die Termine und Verabredungen auch in den Kalendern meiner Vorgesetzten vermerkt standen. Manchmal ging ich beunruhigt zurück und überprüfte noch einmal alles, wofür mir Verantwortung übertragen war.
Immer war ich müde, wenn ich nach Hause ging, müde wie die Straßen, in denen sich Fahrzeuge und Menschen im Staub verloren; ich hörte das letzte Lärmen kaum, kaum den Wind, der sich im Park hob, und die Vögel, die mit hellen Schreien über die Dächer strichen und der Dämmerung bis an die Hügel und Weingärten vor der Stadt entgegenflogen.
Mein Weg führte mich durch die Innere Stadt.
In die Schaufenster traten Schatten und verbargen die Dinge, die darin gehäuft lagen, aber ab und zu flammten schon Neonlichter auf und drängten das einbrechende Dunkel gegen die Fassaden. Das bunte Licht floß über die Gehsteige auf die Straße, und von den höchsten Dächern sprachen Lichtreklamen mit den Leuchtschriften der Sterne, die erst blaß aus dem Himmel tauchten und dann glänzend und groß näher kamen.
An einem Sommerabend hielt ich, kaum spürend, daß ich stehenblieb, vor einer Auslage, und noch von weichen Luftzügen zum Weitergehen bestimmt, verharrte ich gedankenlos in einem Schauen, das sich mehr nach innen als nach außen kehrte.

In durchsichtiges Papier verpackt, zeigten sich mir kleine und größere Pakete, unregelmäßig in der Form und mit Schleifen gebunden, die, wie von einem Wind bewegt, hinter der Scheibe zitterten. Ich trat, aufmerksamer geworden, bis an den Rand des Gehsteiges zurück, um nach dem Firmenschild Ausschau zu halten, aber ich konnte keines entdecken; auch der Name des Inhabers fehlte. Neben dem Fenster lehnte, in der offenen Türe, ein Mann, die kalte Pfeife im Mundwinkel und die Arme über der Brust verschränkt. Seine Ärmel und die Aufschläge seines Rockes waren fadenscheinig und abgestoßen von zuviel Licht oder zuviel Dunkelheit. Es mochte der Verkäufer sein, ein Mann, den die Interesselosigkeit der Vorüberlaufenden interesselos an seinem Geschäft gemacht hatte, denn er sah so sehr mit sich selbst beschäftigt aus, als ließe man ihm schon seit langem Zeit dazu.
Ich dachte, daß ich ihn ohne weiteres ersuchen könne, mich eintreten zu lassen und mir einige von den Waren zu zeigen, obwohl mir einfiel, daß ich wenig Geld bei mir hatte – doch selbst, wenn ich mehr davon mit mir getragen hätte, wäre es mir nicht in den Sinn gekommen, etwas zu kaufen; auch wußte ich gar nicht, was es in diesem Laden zu kaufen gab. Zu all dem aber lag es mir überhaupt fern, planlos Besorgungen zu machen, denn ich legte damals sehr gewissenhaft den größten Teil meines Einkommens zur Seite, um im Winter in die Berge fahren zu können – genau genommen nicht einmal, um in die Berge zu kommen; ich pflegte das nur allen meinen Freunden zu sagen. Ich sparte, weil mir daran lag zu sparen; ich arbeitete, weil mir daran lag zu arbeiten; ich gönnte mir nichts, weil mir daran lag, mir nichts zu gönnen, und ich machte Pläne, weil es mir richtig schien, Pläne zu haben.
Ich zog meinen Hut und trat auf den Verkäufer zu.
»Ihr Schaufenster ist schlecht beleuchtet«, sagte ich vorwurfsvoll. »Ich möchte mir diese Dinge bei besserem Licht ansehen.«

»Was wollen Sie bei besserem Licht sehen?« fragte er mit einer weichen, aber spöttischen Stimme.

Undeutlich beschrieb ich mit der Hand einen von den Gegenständen, die ich durch das Fenster gesehen hatte, und stellte mich, neugierig geworden, neben den Mann auf die Schwelle, um einen Blick in das Innere des Ladens tun zu können.

Altes Gerümpel verstopfte den Raum, der nur schwach erhellt war; hinter dem Pult trennte ein dicht gewebter Vorhang den Laden von den anschließenden Räumen. Die Luft stand gesättigt von Staub und Stille, nur eine dicke Fliege, die sich von der Straße hineinverirrt haben mußte, kreiste summend um die Lampe, die nackt und ängstlich von der Decke baumelte.

Aus einer Wand sprangen Fächer, die voll mit Waren standen – ich konnte sie nicht genau ausnehmen, ich vermutete dies nur, weil hin und wieder die Enden einer Schleife über der Verpackung aufstanden.

Auf meiner Schulter spürte ich die Hand des Verkäufers, er schob mich tiefer in den Raum und schloß die Türe hinter sich. Dann ging er zum Lichtschalter und legte die Hand darauf. Überrascht und erschreckt folgte ich jeder seiner Bewegungen. Was hatte er mit mir vor? Er konnte mich niederschlagen, mir meine Brieftasche abnehmen ... In meiner Verwirrung vermochte ich nicht, zur Tür zu laufen und mich ins Freie zu retten; ich blieb stumm, und mein Herz schlug rasend gegen meine Kehle.

»Wenn Sie einen Traum sehen wollen, muß ich den Raum verdunkeln«, erklärte er ruhig, drehte am Schalter, ging dann zum Fenster, durch das noch ein wenig Licht von den Straßenlaternen sickerte, und zog einen Vorhang vor.

Ich regte mich noch immer nicht; ich wollte ihn fragen, was er damit meine – »Wenn Sie einen Traum sehen wollen ...«, aber ehe ich zu dieser Frage ansetzte, offenbarten mir kleine Pakete in der Stellage wunderbare Inhalte, sie leuchteten auf, ihre Farben waren unvergleichlich, die Entfernung zwischen mir und den Fächern war aufgehoben, jedes Rot, jedes Silber stand vor meinen Augen, unfaßbar nah und dicht; Breite, Höhe und Tiefe waren ausgelöscht, mir wurde so warm, daß ich das Gefühl für meine Lage verlor, ich atmete kaum, und mir war, als sei ich in tiefes Wasser geraten, das mich trug und in dem ich schlief, selbst wenn ich die Augen offen hielt.

Mein Bewußtsein kehrte erst zurück, als ich in einem der Träume Anna sah; sie stand auf einem weißen, großen Schiff, ihr Körper war mit glänzenden Schuppen überzogen, und sie streckte die Arme nach mir aus. Über ihren Locken, die ein Wind hob und steil aufrichtete, kreiste ein schwarzer Vogel; ich fürchtete, er könne sie verletzen oder sie niederreißen, ich hielt mir die Hände vors Gesicht und suchte mir schnell einen anderen Traum. Goldene Bälle trafen, von niemandem geworfen, auf dem Boden auf und schnellten dann ein Stück zur Höhe, fielen herab und stiegen von neuem auf; es war ein wunderschönes Spiel, das ich gerne mitgespielt hätte. Dennoch wandte ich mich wieder zu Anna hin. Mir fiel ein, daß ich sie lange nicht mehr gesehen hatte, und ich dachte darüber nach, was sie wohl auf dem Schiff sollte, – – – denn sie wohnte, wie ich, in der Stadt, und wenn wir einander schon lange nicht mehr begegneten, war es nicht meine Schuld. Sie hatte es so gewollt – und nun streckte sie plötzlich die Arme nach mir aus und wünschte vielleicht, daß ich sie vor dem großen schwarzen Vogel bewahre.

Beklommen wandte ich mich um.

»Diesen Traum möchte ich nehmen«, sagte ich, »und diesen vielleicht auch. Drehen Sie das Licht wieder an!«

Im elektrischen Licht verblichen die Pakete, unscheinbar und staubig standen sie in den Regalen. Meine Augen brannten, ich fuhr mit der Hand über meine feuchte Stirne und trat an das Pult. Der Verkäufer nahm einen Bleistift

aus der Lade und zog den Kassablock. Ehe er jedoch zum Schreiben ansetzte, fiel ich ihm in die Hand, fürchtend, daß ich nicht bezahlen könnte, was er verlangte.
»Ich kaufe nur einen Traum«, sagte ich hastig, »ich will nur den Traum von Anna . . .« – ich verbesserte mich rasch: » . . . nur den von dem Mädchen auf dem großen weißen Schiff.«
Nachdenklich setzte er unleserliche Zahlen auf ein neben dem Block liegendes Blatt Papier, als mache es ihm Mühe, den Preis zu errechnen.
»Einen Monat«, murmelte er schließlich und durchkreuzte seine Berechnungen mit einem festen Strich.
Ich lachte ihm ins Gesicht.
Sich den Kragen zurechtrückend, erläuterte er: »Ich mache keinen Scherz. Sie haben vielleicht erwartet, mit Geld bezahlen zu können, aber Sie werden wissen, daß Sie nirgends Träume für Geld bekommen. Sie müssen mit Zeit bezahlen. Träume kosten Zeit, manche sehr viel Zeit. Wir haben einen Traum – vielleicht darf ich ihn Ihnen zeigen –, für den wir ein Leben verlangen.«
»Danke« – ich unterbrach ihn, denn mir schwindelte – »ich fürchte, ich habe nicht so viel Zeit, ich werde nicht einmal die Zeit für den kleinen Traum haben, nach dem mich verlangt.« Ich trat ganz nahe an ihn heran und sah ihm beschwörend ins Gesicht. »Mich verlangt, mehr als Sie begreifen können, nach diesem Traum, ich würde Ihnen viel, vielleicht sogar alle meine Ersparnisse dafür geben, aber meine Arbeit geht meiner Zeit vor, und die wenigen Tage, die ich im Winter für mich haben werde, will ich in den Bergen zubringen. Und selbst wenn ich auf die Erholung verzichtete, würde meine Zeit nicht reichen, um diesen teuren Traum zu bezahlen.«
Wortlos warf der Verkäufer den Block an das Ende des Tisches: dann schritt er zur Türe und wies mich unmißverständlich hinaus. Ich ging, aber ich ging nicht, ohne mei-

nen ganzen Mut, meine ganze Empörung zusammenzufassen – ich war fast sicher, daß ich meinen Verstand verloren hatte, ich kämpfte einen kurzen, heftigen Kampf, in dem ich mir vorwarf, mich schon zu sehr in dieses Geschäft eingelassen zu haben, aus dem ich vielleicht nicht mehr herauskonnte, nicht mehr heraus wollte.
»Hören Sie«, schrie ich dem Mann zu, der mich nicht mehr ansah, sondern gleichgültig auf die Straße blickte, »ich will darüber nachdenken, ich werde es mir überlegen und morgen wiederkommen. Legen Sie mir den Traum auf die Seite, erlauben Sie nicht, daß mir jemand zuvorkommt!«
Ehe ich mir Rechenschaft ablegen konnte, lief ich die Straße hinunter, dunkleren Straßen zu.
Spät kam ich nach Hause. Ich schlief erst ein, als mir der Morgen mit dunstigem Frühlicht die Augen bestrich, und erwachte bald darauf erschrocken, weil es spät war, fast zu spät, um noch rechtzeitig an die Arbeit zu kommen.
Der Tag wollte nicht vergehen, nicht über meinen eiligen Gängen, meinen eiligen Handgriffen und verdoppelten Anstrengungen, allem gerecht zu werden. Ich fürchtete, nichts und niemand mehr gerecht zu werden, nicht den Anforderungen, die man an mich stellte, nicht mehr mir selbst, nicht mehr meinem Wachen und Schlafen, wenn kein Traum hineinreichte oder ich in keinen Traum reichte.
Am Abend ging ich kreuz und quer durch die Stadt, die Rolladen fielen donnernd über die Schaufenster, vor jedem Laden schrak ich zusammen, weil ich fürchtete, ohne es zu wollen, vor den einen gekommen zu sein, den ich suchte und mied.
Nach diesem Heimweg wurden mir noch viele Heimwege zur Qual, bis ich eines Tages beschloß, meiner Unrast ein Ende zu setzen. Ich nahm mir vor, nur noch einmal nach diesem Traum zu sehen und mit dem Verkäufer zu sprechen, ihn zu bewegen, den Preis zu senken, den ich nicht zahlen wollte.

Vielleicht würde ich ihn doch bezahlen.

Als ich mich dem Haus näherte, in dem ich den Laden wußte, sah ich schon von weitem ein hohes Gerüst bis an das Dach reichen. Eimer mit Kalk und Bottiche mit Mörtel standen auf dem Gehsteig, und wo einst der kleine dunkle, mit Gerümpel gefüllte Laden gewesen war, standen leere, saubere Wände. Das Fenster war aus dem Rahmen gelöst worden.

Ein Arbeiter sprang von der Leiter und kam vor meine Füße zu stehen.

Ich war sehr ruhig, ich fragte ihn, wohin der Besitzer übersiedelt sei, er wußte es nicht, er wußte nicht einmal, daß es hier überhaupt ein Lokal gegeben habe. Ich hätte mich wahrscheinlich in der Hausnummer geirrt, meinte er.

»Nein«, erwiderte ich zerstreut und wandte mich zum Gehen. »Nein, ich habe mich nicht geirrt.«

In dieser Nacht schlief ich tief und fiel aus der zitternden Unruhe, die mich die ganze Zeit hindurch benommen gemacht hatte, in eine Ruhe, die sich nicht wieder aufheben ließ. Ich schlief und hörte die Sirenen nicht, die mich immer geweckt hatten; die Vögel vor dem Fenster lärmten vergeblich, und ich blieb selbst ruhig, als ich die Augen aufschlug und entdeckte, daß es Nachmittag war, die Stunden fliegend blauten, und der Sonnenzeiger am Himmel nach Westen wies.

Einige Wochen lang lag ich, von einer wohltätigen, fast schmerzlosen Krankheit ans Bett gefesselt; ich hatte viel Zeit, schmerzlose und traumlose Zeit. An dem Tag, an dem ich so weit hergestellt war, daß ich meiner Arbeit wieder hätte nachgehen können, erhielt ich von meiner Firma die Kündigung. Ich hatte mir eben zuviel Zeit genommen, und nun wurde mir noch einmal Zeit auf lange Zeit geschenkt. Zeit wofür?

Portrait von Anna Maria

Unvollendet

Von Anna Maria P. hörte ich zum erstenmal Costanza und Carlo sprechen, die sehr viele Maler kannten, meistens solche, von denen ich nie etwas gehört hatte. Meine Freunde wollten diese Malerin auf dem Lande besuchen, in Draiano, wo sie den Sommer über war, und mich zu ihr mitnehmen. Ehe unser Schiff den Ort erreichte – denn wir waren in diesem Jahr gar nicht weit davon an der Küste untergekommen –, fragte ich, wie ich sie mir vorzustellen habe. Nun, hieß es, sie sei Mitte dreißig, sehr kräftig, muskulös, stark auch »als Mensch«; sie gehe gern in selbstgeschneiderten Kleidern herum, schieße auf Vögel und helfe in ihrer Freizeit den Bauern in den Weinbergen bei der Arbeit; so habe sie im Vorjahr tagelang Trauben gestampft mit bloßen Füßen. Meine Freunde zeigten sich sehr beeindruckt von dem einfachen und unverbildeten Wesen der Freundin, vielleicht darum, weil Künstler oft durch die Art ihrer Nebenbeschäftigungen die Phantasie der anderen weitaus mehr und nachdrücklicher beschäftigen und seltener durch das, wodurch sie es eigentlich tun sollten und wohl auch hin und wieder tun – durch ihre Arbeiten.

Dieser Tag, an dem ich in Draiano war, muß übrigens einer der schönsten Tage jenes Sommers gewesen sein, ganz blauer Raum, von abgöttischer Helle bewohnt, so daß mir die kurze Stunde im Hause der Malerin im Zusammenhang damit wie eine Störung erschien und fast aus dem Gedächtnis gefallen ist. Aber gewiß ist mir, daß die junge Frau, aus einem mir unbekannten Grund, über den Besuch meiner Freunde nicht die geringste Freude zeigte, ja sie überhaupt anblickte und unterhielt, als kennte sie sie nur flüchtig. Noch ehe sie dazu kam, uns ihre letzten Bilder zu zeigen, erklärte sie, beim Zahnarzt bestellt zu sein und uns vor der Abreise daher nicht mehr sehen zu können. Als wir gingen, gesellte sich zu uns ein junger Mann im Buschhemd und blauen Baumwollhosen, den sie uns als Begleiter zugedacht hatte und mit dem wir eine Trattoria aufsuchten. Ich kam neben ihn zu sitzen und ließ mich auf ein Gespräch ein mit ihm, nichtsahnend, wer er sei. Wir sprachen von den Besonderheiten dieses Küstenstriches, und er wußte zum Beispiel die Muschelarten, die hier vorkamen, kennerisch zu beschreiben, er zog das eine und andere Schalentier aus der Tasche, und ich fand alles in der Ordnung, bis er plötzlich, schon nicht mehr nüchtern, aufstand, zwischen den Tischen ins Freie schwankte und in einer Nebengasse verschwand. Costanza beugte sich zu mir herüber und sagte leise, er sei so eifersüchtig, ganz krank vor Eifersucht, denn mit dem verrufenen, verschuldeten Zahnarzt des Ortes betrüge Anna Maria ihn schon den ganzen Sommer lang. Im Vorjahr habe er einen Fischer neben sich dulden müssen, aber er halte trotzdem an ihr fest, denn sie sei »eine Persönlichkeit«. Mich befremdete das sehr, denn der junge Mann war bestimmt zehn Jahre jünger als die Malerin. Da er nicht wiederkam, gingen wir kopfschüttelnd weg und aufs Schiff und fuhren in einen drohenden Nachthimmel hinein. Bis zu unseren Gesichtern verspritzten die Wellen einen faden, grauen Schaum.

Ein Jahr später, im vor Hitze dampfenden Venedig, als sich zu irgendwelchen Festwochen »ganz Europa« eingefunden hatte, traf ich die Malerin wieder. Man hatte uns Zimmer in einem Studentinnenheim gegeben, die miteinander verbunden waren, denn eine dritte, mir kaum bekannte Person hatte, ehe sie und ich angekommen waren, erklärt, wir seien so sehr befreundet miteinander, daß man uns mit dieser Art der Unterbringung eine Freude machen würde. Als ich in das Zimmer kam, dessen Tür zum Nebenzimmer offen stand, wußte ich nicht, welches der beiden Zimmer nun mir zugedacht war, da sowohl in dem einen wie in dem anderen jemand Kleider, Haarbürsten und Waschzeug ausgestreut hatte. Ich setzte mich auf das Bett des Zimmers, das mir mehr zusagte, obwohl es nach einer recht belebten Calle lag, und wartete. Die Malerin trat ein, und ich hätte sie nicht wiedererkannt, vielleicht weil ich sie das erstemal nur so kurz gesehen hatte, oder vielleicht weil sie ihr Haar nicht mehr wild und offen trug, sondern gekämmt war und in einem dunkelblauen Kleid steckte, das sie weniger plump erscheinen ließ. Sie begrüßte mich mit großer Herzlichkeit, und wir lachten beide über die Freundschaft, deren man uns verdächtigt hatte, ohne daß sie, was mir lieb war, auch nur einen Versuch machte, in den folgenden Tagen sich enger an mich anzuschließen. Sie erklärte nur kurz, es sei ihr recht, daß ich dieses Zimmer wolle, in dem ich mich schon aufhalte, und schloß dann die Türe. Als ich nach einer Weile das gemeinsame Badezimmer aufsuchte, sah ich, daß sie, mehr noch als das Zimmer, diesen Raum als den ihren betrachtete und ihn ganz mit Beschlag belegt hatte. Ich sammelte ihre Sachen ein, die sie in meinem Zimmer vergessen hatte, und brachte sie ihr; nur im Badezimmer um ein wenig Platz zu bitten, unterließ ich, weil mir der Mut fehlte.

Bei einem Abendessen in Venedig saß sie mir gegenüber, und ich stellte fest, daß sie, die man beim besten Willen mit ihrem bäurischen und nervösen Gesicht, den zwar glaskalten, hellen Augen, aber dem ganz abstoßend dünnen Mund, nicht anziehend nennen konnte, mit einer Gier alle Umsitzenden in ein Gespräch verstrickte, die darauf schließen ließ, daß sie es gewohnt war, Erfolg zu haben; allerdings wandte sie sich ausschließlich an die Männer, während sie sich begnügte, bei mir ab und zu mit einem Blick Einverständnis zu suchen.

Später, als wir am beleuchteten Lido spazieren gingen, zwischen Eisbars und unruhigen Gärten, und als der

Meerwind uns kehlige Musik von einer Grammophonplatte, von weither, zutrug, schwieg Anna Maria plötzlich, und da ihr Schweigen sich allen mitteilte, waren auch wir anderen still. In gedrückter Stimmung erreichten wir den Pier und warteten auf das Schiff, das uns in die Stadt zurückbringen sollte. Die Malerin, vielleicht bemüht, »Einsamkeit« zu spielen, entfernte sich von uns; vielleicht aber hatte sie wirklich ein Licht im Wasser gesehen und mußte dem Strahl folgen. An diesem Abend gingen wir miteinander nach Hause, und ich weiß es so genau, weil sie mir nur dieses eine Mal etwas von sich erzählte. Sonst kamen wir in dieser Zeit mit ihren langen, festlichen Nächten beide sehr spät nach Hause, aber nie miteinander, und sie jedenfalls immer noch später als ich, aber sie schlief nie, was ich gerne tat, bis in den hellen, durchlärmten Vormittag hinein, und ich bewunderte sie deswegen nicht wenig. Leute, die wir beide kannten, erzählten, sie hätten sie um vier Uhr morgens mit aufgelösten Haaren und barfuß mit Herrn B. in der Nähe des Kasinos gesehen, es nahmen viele an, daß sie in diesen Mann, dem gegenüber sie sich am Tag sehr förmlich benahm, vielleicht weil er verheiratet war, oder aus anderen Gründen, verliebt war. Sie war aber auch mit anderen allein zu treffen in den Cafés auf dem Markusplatz oder am Rialto, und ihre Wirkung auf Männer war sehr groß, unleugbar und verwunderlich.
Auf der Rückreise fuhr ich bis Florenz mit einem Herrn im Speisewagen, der sie sehr verehrte und der mir beim Essen folgende Geschichte erzählte: »Sie ist vielleicht das sanfteste und schönste Geschöpf, das ich kenne.« Ich wunderte mich darüber, denn andere fanden sie verschiedener Härten wegen lächerlich und auch unweiblich, und ich selbst hatte sie jedenfalls wenig reizvoll gefunden, selbst ihr Charme erschien mir so eingeübt und übertrieben, wenn sie mit Männern sprach, daß es mir peinlich war. »Aber es gibt für sie nichts als ihre Kunst!« (So wenigstens drückte

er sich aus.) »Sie haben ihre Bilder nicht gesehen, doch sie hat mir Blätter gezeigt, die mich nur im unklaren lassen, ob sie sehr viel oder gar nichts taugen. Sie ist auch wirklich verrückt, und ich möchte Sie jetzt fragen, ob Sie einen jungen Mann, mit dem ich sie einmal gesehen habe (er beschrieb ihn umständlich) getroffen haben?« Ich verneinte, obwohl mir später einfiel, daß sie in der Halle wirklich öfter von einem überaus eleganten jungen Menschen erwartet wurde, aber ich wollte ihn nicht kränken, gab vor, in meinem Gedächtnis zu suchen, und schüttelte den Kopf. »Dieser junge Mann«, fuhr er fort, »wird sie heiraten, und zwar aus einem sehr merkwürdigen Grund. Sie müssen wissen, daß sie, die man doch wirklich nicht schön nennen kann«, gab er mit unsicherer Stimme zu, »eine bestimmte Art von Männern anzieht, und zwar solche, die im allgemeinen ohne jedes Interesse an Frauen sind. Sie verstehen – ?« setzte er mit einem langen, fragenden Blick hinzu, und ich nickte rasch und sachlich. »Dieser junge Mann ist aus einer sehr guten Familie und hat daher gewisse Rücksichten zu nehmen. Aber nicht allein deswegen will er sie heiraten, sondern weil er meint, ohne sie nicht leben zu können, ohne ihre sich allen mitteilende Kraft, und als sie anfangs sein Ansinnen unmöglich fand, beging er einen Selbstmordversuch aus Verzweiflung über ihr Nein.«

Ich hingegen dachte in diesem Augenblick, daß es viel merkwürdiger sei, nicht zu wissen, woher plötzlich Gestalten wie die Malerin kämen. Aus welcher Familie mochte sie wohl sein? Wo hatte sie wohl ihre Jugend verbracht? Wie hatte sie ihren ersten Schritt aus der Anonymität getan? Denn heutzutage weiß man buchstäblich nicht mehr, woher die Leute kommen, die man vorfindet und deren Namen immer auftauchen in Gesprächen, die selbst immer wieder an allen möglichen Orten auftauchen und durch nichts legitimiert sind, hier oder dort zu sein. Mir fiel mit Vehemenz ein, was die Malerin in der einzigen Nacht mir erzählt hatte, in der wir miteinander nach Hause gekommen waren und zu unseren Zimmern hinaufgingen: »In unserem Haus, das nicht sehr groß ist und in dem ich mit meiner Mutter und meiner Tante lebe« – man könnte fragen, wann das wohl sei, da sie überall und nirgends war, viele Freunde hatte und malte, die Sommer im Süden verbrachte und im Winter zu Ausstellungen fuhr oder zu anderen Freunden, die sie aufnahmen in Paris oder Rom – »in unserem Haus, das sehr klein ist und trotzdem eine Dependance hat, ein Gartenhaus nennen wir es, steht zwischen den Mauern ein Kirschbaum. Einen schöneren habe ich nie gesehen. Dieser Kirschbaum hält im Frühling seine schaumigen Äste über beide Häuschen, und dann scheint es, als wären die beiden Gebäude unter ihn hineingebaut worden. Und sowie ich an ihn denke, legt er mit seiner Fracht, seiner unlöschbaren Helle, in mir an, wo immer ich auch bin. Denn ich bin sein Land; die Dinge brauchen uns Heimatlose, um irgendwo zuhause zu sein.«

Den schönen, jungen Selbstmörder, der, wenn ich recht verstanden hatte, eine so mysteriöse Rolle in ihrem Leben spielen sollte, traf ich, ohne daß er mich erkannt hätte, bei den C., die mich im Wagen nach Ostia mitnehmen wollten, weil man dort eine in Heiterkeit untergegangene antike Stadt finde. Ich sagte, ich kenne es schon, aber in dem Augenblick hörte niemand zu, und später durfte ich es nicht wiederholen, weil man um die Freude gekommen wäre, es mir zeigen zu können, aber der Selbstmörder hörte es und lächelte grimmig, ging dann mit mir zwischen den Mauern auf und nieder und riß Gräser ab, biß hinein und rief schließlich laut: »Immer diese Rücksichten! Warum sagt denn keiner, was ist, und warum bevölkern wir denn die Welt mit unseren eigenen und anderen Gespenstern – als dürften wir uns nicht zu nahe kommen!« Er schwang sich über die Mauer einer alten Steinbar und stellte sich dahinter wie ein Kellner auf. Er blickte zur Decke, die der blanke

Himmel war. »Ich möchte diese wunderbare weiße Wolke herunterziehen und in die dunklen Getränke mischen, die wir ausschenken.« Auch ich sah auf, der Wind erfaßte mich, der vom Meer kam, und ohne nachzudenken, in einer Besinnungslosigkeit, die ich sofort bereute, sagte ich: »Ich kenne einen Kirschbaum, der dieser Wolke in diesem Moment gleicht und der auch wie etwas unverwüstlich Weißes über der Welt hängt.« Er fragte: »Sie meinen den Kirschbaum unserer guten Freundin Anna Maria?« Ich bestätigte verwirrt: »Ja . . . Sie kennen sie?« Er dachte kurz nach und sagte: »Flüchtig. Ich möchte fast sagen, ich kenne sie dieses Kirschbaums wegen, obwohl ich sie nie besucht habe und daher den Kirschbaum nicht beurteilen kann. Aber ich habe mir eine Fotografie bei ihr ausgebeten, die sie mir gab, als ich einmal Gelegenheit hatte, mit ihr länger zu reden.« Es hätte mich nicht erstaunt, ihn kühl oder abfällig von ihr sprechen zu hören, weil Verlöbnisse ja selten im Guten gelöst werden, aber er spielte entweder meisterhaft ein Spiel, bei dem mir nicht klar wurde, worum es ging, oder jener Verehrer Anna Marias war damals völlig im Irrtum über die Dinge gewesen, die sie und den Selbstmörder betrafen. »Wie geht es Ihrer Freundin?« fragte er dann. Ich sah ihn an und erwiderte: »Aber wie soll ich das wissen! Wir sind nicht sehr gut befreundet miteinander!« »Nun«, sagte er, »ich dachte es mir, weil mein Freund (er nannte den Namen des Verehrers) mir kürzlich erzählte, Sie seien eng befreundet . . . Wenn ich mich recht erinnere, gab es da sogar ein paar komische Geschichten, und Anna Maria soll Ihnen übel mitgespielt haben. Darum sind Sie ihr wohl böse?« fragte er und lächelte ganz durchtrieben und erfüllt von Freude. »Welche Geschichten!« rief ich aus. Natürlich hätte, aufgrund irgendeiner guten Erziehung, dieser Mann mir niemals diese Geschichten erzählen dürfen, um keine Indiskretion zu begehen, oder um mich nicht zu kränken – ob sie nun auf Wahrheit beruhten oder nicht. Aber ihm kamen gar keine Bedenken, und ich hörte mir seine Erzählung kopflos an, ohne ihn daran zu hindern. Als er zu Ende war, rief ich: »Das ist nicht wahr und ganz unmöglich obendrein. Sie kennt mich kaum, und ich kenne sie kaum.« »Oh«, sagte er, »trotzdem ist das hübsch und Sie verstehen jetzt, daß ich lachen mußte.«

An demselben Abend, als ich aus dem Haus ging, um Blumen zu kaufen – ich wohnte in einer sehr abgelegenen Gegend in Rom –, sah ich Anna Maria diesen versteckten Platz überqueren, der so schön und goldbraun im Abendlicht ist und den ich nie überquerte, ohne etwas Neues zu entdecken, nie ohne Begeisterung über seinen rummelplatzhaften Lärm und seine exaltierten Marktweiber, den traurigen Muschelmann und die Blumenfrau, die nur grüßte, wenn sie etwas verkauft hatte. Anna Maria kam auf mich zu. Ich fühlte, wie ich rot wurde, und ich hielt ihr mein Gesicht hin in der Abendröte, sie mir das ihre, ich grüßte sie, und weil plötzlich einen Augenblick Stille auf dem Platz eintrat, so wie manchmal das bewegteste Meer eine Achtel- oder Sechzehntelpause macht, in der man den Atem anhält vor Schrecken und Entzücken, so hielt ich den Atem an, als ich meinen Gruß allein in der Stille hörte. Sie sah mich verwundert an, und da ich wußte, daß sie ganz vorzügliche Augen hatte, war ich sicher, daß sie mich erkannt hatte, aber nicht erkennen wollte. Gemächlich, wie irgendeinen Vorübergehenden, auf den ihr Blick gefallen wäre, musterte sie mich und ging weiter.

Die beiden Freunde, durch die ich Anna Maria kennengelernt hatte, wohnten kurze Zeit darauf bei mir, weil sie ihre Wohnung gekündigt hatten und ihre neue noch nicht beziehen konnten. Von Anna Maria wurde nie gesprochen. Aber als ich mit Costanza, die sich in langen, weißen Morgenröcken durch die Wohnung schleppte und den Staub von den alten Möbeln, die so schwer reinzuhalten waren, kehrte, allein war, sagte sie: »Man kann den Kopf nicht in den Sand stecken, wie du es tust, was ist bloß mit dir und Anna Maria?« Ich fuhr auf. »Mit mir und Anna Maria!« Costanza: »Du magst sie eben nicht. Aber Carlo ist ganz deiner Meinung!« Ich: »Meiner Meinung!« Costanza: »Er kann Frauen nicht leiden, die sich nicht waschen.« Ich hob die Hände und machte eine Bewegung, um sie zum Schweigen zu bringen. »Warum sollte sie sich denn nicht waschen, um Himmels willen«, sagte ich. »Frag mich nicht! Aber sie darf sich nicht wundern, daß niemand mit ihr zu tun haben will.« »Nein, nein«, sagte ich schmerzlich, und ich fühlte mich elend, weil ich etwas sagen mußte, was ich gar nicht sagen wollte, und zu dem Stoff beizutragen anfing. »Sie war sehr begehrt, und ich glaube, da waren einige in sie verliebt in Venedig.« »Du warst in Venedig«, schrie sie, »nun erzähl einmal alles, obwohl ich vermutlich mehr weiß, als du wissen kannst!«

Ich erfuhr noch alles mögliche über Anna Maria, auch späterhin, und von den verschiedensten Leuten. In Paris hieß es, alle hätten sich von ihr zurückgezogen, weil sie sich unmöglich betragen habe; in Mailand hörte ich nur Gutes, und es wurde viel von ihren Bildern gesprochen. Sie galt ja bei den einen als einfach, mutig und begabt, bei den anderen als verlogen, intrigant und zudringlich, und die Meinung aller wechselte, als sie vor kurzem starb, und seither hörte ich von ihr meistens als von der »Ärmsten« sprechen.

Einen Freund, mit dem ich unlängst im Auto in der Nähe Pavias durch den kleinen Ort fuhr, in dem Anna Maria zuhause gewesen war und in dem ihr Kirschbaum stand, bat ich, vor dem kleinen Haus anzuhalten. Mit einem Mal dachte ich herzlich an die Malerin, fühlte mich von guten Gefühlen überschwemmt und glaubte, diesen Kirschbaum sehen zu müssen. Ich trat durch den Garten ein und hielt Ausschau nach der unverwüstlichen, weißen Blütenwolke. Ich entdeckte nicht einmal einen Baumstumpf und wollte schon umkehren, als mich eine ältere Frau, in der ich sogleich Anna Marias Mutter vermutete, der großen Ähnlichkeit wegen, anrief und nach meinen Wünschen fragte. Es fiel mir nicht schwer, zu erklären, warum ich hierher kam. Die Frau brach in Tränen aus, griff mit beiden Händen nach mir und lachte dann unter Tränen vor Freude: »Anna Maria hat soviel von Ihnen gesprochen, soviel von Ihnen erzählt.« Ich machte mich los und stand voll Verblüffung und im Aufruhr. »Das ist doch nicht möglich!« stammelte ich und unterbrach mich ihretwegen. Aber bei mir dachte ich: Was mag sie wohl erzählt haben! Was kann sie bloß von mir gewußt und über mich gesagt haben?! Ich fühlte mein Gespenst einen Augenblick in diesem Haus umgehen und wünschte mich auf der Stelle weit fort. Beim Abschied gab mir die Frau ein in Seidenpapier gehülltes Bild der Tochter als Andenken mit. Wir hatten beide feuchte Augen, und im Gehen fragte ich sie nach dem Kirschbaum. »Es war kein besonders schöner Baum, und er wollte nicht einmal blühen. So ließ ich ihn schlagen, vor langem schon.« Ich winkte, schloß das Gartentor, lief über die Straße auf das Auto zu und stieg ein. Während wir weiterfuhren, versuchte ich, meinem Freund diesen Aufenthalt umständlich zu erklären, ohne einen Namen zu nennen, und löste dabei die Fotografie aus dem Seidenpapier. Ich starrte das Bild an, hob es ganz nah an die Augen, aber ich konnte mich nicht erinnern, dieses Gesicht je gesehen zu haben. Mein Denken setzte aus und dann wieder ein mit dem Gedanken: Das ist nicht Anna Maria! – »Aber das ist doch Anna Maria«, sagte überrascht mein Freund, der einen Augenblick von der Fahrbahn weg und auf das Bild sah. »Ich wußte nicht, daß du sie gekannt hast«, sagte ich. »Aber natürlich«, erwiderte er. »Anna Maria! Wenn du willst, kann ich dir ja alles erzählen . . .« Ich zündete rasch eine Zigarette für ihn an und steckte sie ihm zwischen die Lippen: »Ich bitte dich, sie ist doch tot«, sagte ich und zitterte noch immer. »Aber findest du, daß ihr das Bild ähnlich ist . . .?« Ich reichte ihm die Fotografie, und er sah sie noch einmal genau an. »Sehr«, sagte er.

In meinem Herzen dachte ich: es wird ihr noch oft ein Unrecht geschehen.

Der Schweißer

Die Männer legten das Werkzeug zusammen und verluden es auf den Wagen. Dann rückten Brunner und Maunz das Baustellenschild an die richtige Stelle und hängten das Warnlicht auf. Reiter stand unschlüssig, mit der abgenommenen Schutzbrille in der Hand und blinzelte in die Dämmerung. In dem Augenblick gingen die Lichter an über der Straße, noch ohne Wirkung, weil es nicht dunkel genug war. Gegen die Floridsdorfer Brücke verloren sich die schimmernden Flecken in der Luft. Der Mann schaute hinauf und dann hinunter – die Straße lag ausgenommen da, mit bloßen, freischwebenden Straßenbahnschienen, zeigte das metallene Gedärm.
»Kommt ihr nachher ins Kaffeehaus?«, fragte Reiter, als die beiden andren den Wagen wegzuschieben anfingen. Brunner schüttelte den Kopf, Maunz blickte sich gar nicht um, und Reiter blieb zurück, wischte sich die Augen mit dem Handrücken. Er sah die Straßenbahn kommen, winkte dem Wagenführer, der ein wenig abbremste, und sprang auf. Am Spitz stieg er aus und lüftete dankend seine Kappe.
Das Kaffeehaus war leer.
Er stand jetzt ganz allein auf der Straße, einen Augenblick war es, als gäbe es hier keinen Verkehr, nur den Wind, der von der Donau herüberkam, eine kalte Böe. Er stand, unweit das Überschwemmungsgebiet, und hinter sich, im Rücken, ein Stück abgesprengte Stadt, eingeklammert von der Nordbahn und der Nordwestbahn; lang noch wollte er die Häuser im Rücken haben, sich nicht umdrehen, nicht heimgehen, nicht sich niederlegen zwischen den Fabriken, der Lokomotivfabrik und der Kabelfabrik, der Ölfabrik,

nicht einsperren lassen in den steinernen Kasten, nicht grüßen im Haus.

Das Kaffeehaus war leer. Er hatte gehofft, daß irgend jemand dasitzen würde, mit dem er Karten spielen oder ein Bier trinken konnte; er suchte jemand in dem Nirgendwo, suchte eine träge Vertraulichkeit, ehe er nachhause mußte, fast jeden Abend suchte er ein Schwemmland, das sich zwischen die Arbeit und das Heimkommen legte, wie das Schwemmland, das sich zwischen die Stadt und die Arbeiterbezirke im Osten legte. Er ging bis nach hinten, stieß an ein paar Stühle und ging dann wieder weiter nach vorn in dem verödeten Saal, setzte sich an ein Fenster und starrte hinaus. Er hörte den Ober kommen, drehte den Kopf, als er ihn stehenbleiben fühlte, und sagte: »Einen großen Braunen.« Er wollte etwas hinzufügen, zu reden anfangen mit Franz, ließ es aber, es fiel ihm nichts ein.

Die Nacht fiel ein ... Um die Zeit spielten in den anderen Kaffeehäusern die Rentner, die Pensionisten Billard, aber hier in seinem Kaffee wurde nicht Billard gespielt, die Arbeiter, die hierherkamen, hatten zu schwere Hände oder sie hatten überhaupt etwas gegen das Spiel. Seit kurzem aber war ein Spielapparat aufgestellt worden; auf den hatten alle Lust, und der Mann stand jetzt brüsk auf und fing an, Geld einzuwerfen in den Kasten, den Hebel zu drücken, die wilden Geräusche und das Geroll zu genießen. Als er keine Münzen mehr fand in seiner Tasche, hörte er auf, ging zu seinem Tisch zurück, wo schon der Kaffee stand, und trank ihn in einem Zug aus und das Glas Wasser nach. Er streckte seine Beine weit aus, um sich [zu] dehnen, und dabei berührte er mit dem Fuß etwas unter dem Tisch. Er beugte sich unter den Tisch, suchte im Dunkeln. Dann hielt er es in der Hand, etwas Ungewohntes, ein kleines Paket, nein, nicht ein Paket. Eine Weile ließ er seine Hand unter dem Tisch, um den Gegenstand bloß zu fühlen und zu erraten – dann erst zog er ihn hervor. Es war ein Buch,

in einem Schutzumschlag aus braunem Packpapier. Der Mann legte es neben das Tablett mit dem Glas Wasser und schaute sich dann um. Er schaute nach Franz aus, der wieder verschwunden war. Auch die Kassiererin war heute nicht da. Niemand war heute da.
Er wollte aufstehen, das Buch nach hinten tragen, den »Fundgegenstand«. Aber er war zu müde, trostlos; Brunner und Maunz kamen also wirklich nicht. Er schlug das Buch auf, schnippte mit dem Zeigefinger, den er vom Daumen abschnellen ließ, ein paar Seiten hoch. Dann beugte er den Kopf darüber, las ein paar Worte ab, die da standen, weder aufmerkend, noch verständnislos; er las einfach die Worte ab, wie er immer Worte abgelesen hatte, von einem Formular, von einer Sportzeitung, so wie er es in der Schule gelernt hatte, ein Wort nach dem andern.
Er las mindestens zehn Zeilen ab, dann schlug er das Buch zu. Gleich darauf öffnete er es wieder, er wollte nachschauen, was für ein Buch das war. Es hieß »Die Fröhliche Wissenschaft«. Darunter stand noch ein Titel . . . Der Mann lachte auf, nachdem er diese Titel gelesen hatte – oder war es bloß einer, so genau war das nicht zu sehen. Er wollte Geld auf den Tisch legen und gehen, er merkte, daß er nicht mehr genug bei sich hatte, stand auf und schrie nach hinten: »Franz, anschreiben!« Er hatte das Buch in der Hand, ging sehr laut und fest hinaus, in der Tür drehte er sich aufmerksam um, er sah den Ober aus der Richtung der Toilette kommen, den Block herausziehen und den Bleistift, nickte ihm zu, während seine Hand mit dem Buch schon durch den Vorhang fuhr, der vor der Tür hing, und ging.

Reiter schaute auf, als der Doktor in die Küche kam und [die] Tür leise hinter sich zuzog.
»Hören Sie«, sagte der Doktor. Der Mann schob ihm einen Küchensessel hin, holte zwei Schnapsgläser aus der Kre-

denz und eine halbvolle Flasche Eierlikör, während der Doktor zur Wasserleitung ging und sich die Hände wusch, an dem karierten Handtuch flüchtig abwischte. »Sie kann morgen wieder aufstehen«, sagte der Doktor und setzte sich. Sie nippten beide widerwillig an dem hausgemachten dicken, schleimigen Likör.
»Aber sie gefällt mir nicht. Gefällt mir nicht«, sagte der Doktor. »Aufs Land sollte sie gehen oder in ein Sanatorium.« Der Mann schaute bedrückt vor sich hin. »Sie kann nach Hollabrunn gehen, zu den Eltern. Aber das ist auch keine Erholung.«
»Ja«, sagte der Doktor, »lieber nicht, wenn es keine Erholung ist.«
»Sie ist so dumm, Sie müssen es ihr nachsehen«, sagte der Mann entschuldigend. »Lieber geht sie zu Pfuschern, zu einem Schwindler, der es mit Magneten macht. Lauter Schwindel, ich weiß. Sie geht zu Schwindlern.«
Der Doktor antwortete nicht, er schrieb ein Rezept, unleserlich, setzte einen Schnörkel darunter und legte es dem Mann hin. Der Mann ließ es liegen, ohne daraufzuschauen, und sagte dann rasch: »Ich war zwei Tage nicht arbeiten. Sie müssen mir einen Schein schreiben.«
»Ausnahmsweise«, sagte der Doktor, »weil die Frau Sie braucht. Ausnahmsweise kann ich das machen. Ich kann das sonst nicht. Es ist strafbar.«
Der Mann nickte, holte einen Krankenschein aus der Küchentischlade, schob ihn hin. Der Doktor schrieb nicht gleich, sondern fragte: »Was ist denn los? Mit Ihnen ist doch etwas los.« »Nichts«, sagte der Mann, »das heißt, ich möchte Sie etwas fragen.«
»Ja?« fragte der Doktor. Er hatte keine Eile, er dachte, daß er noch fünf oder sechs Besuche machen müsse, daß ihn überall der Gestank, ungelüftete Zimmer, unappetitliche Betten, Küchen, Frauen, Kinder erwarteten. Er saß träge da, wohlig, wollte sich nie mehr wegrühren. Diese Küche

hier war sauber, er kannte die Küche schon lange. Rosi Reiter war eine saubere Frau, diese beiden Reiters ordentliche Leute. Anständige Leute, nannte der Doktor sie auch zuzeiten für sich.

»Wo sind die Kinder?« fragte der Doktor.

»Bei der Nachbarin«, sagte der Mann und deutete mit der Hand nach oben, zur Zimmerdecke. »Bis morgen nur. Morgen hole ich sie.«

»Was ist denn los mit Ihnen«, fragte der Doktor nochmals aufs Geratewohl.

»Es handelt sich um ein Buch«, sagte der Mann mit niedergeschlagenen Augen. »Ich möchte Sie nämlich etwas fragen, wegen dem Buch.« Er ging zu der Kiste, auf der das Radio stand. Auf dem Radio lag das Buch. Er reichte es dem Doktor. »Kennen Sie das?« fragte er. Der Doktor blätterte es auf, blickte kurz den Mann an und sagte selbstgefällig: »Und ob ich das kenne.« Der Mann sah ihn erstarrt an, er wartete auf ein weiteres Wort des Doktors. »Ja, die Philosophie«, sagte der Doktor, »früher hat die mich auch einmal interessiert. Jetzt komme ich nicht mehr zum Lesen. Interessiert hat es mich schon, früher einmal, aber wenn man im Leben steht . . . im Leben, wenn man steht, wissen Sie«, fuhr der Doktor fort, »ja, die Philosophie! Etwas ganz anderes ist natürlich das Leben, das müssen Sie mir glauben. Man kommt auch zu nichts mehr, später, hier und da im Urlaub reichts zu einem Roman.« Der Doktor brach ab und sah erstaunt den Mann an, dessen Gesicht weiß geworden war und wie eine Maske ihn anstarrte vor Beherrschung.

»Ich habe das Buch gelesen«, sagte der Mann und hielt den Atem an.

Der Doktor sah nun beinahe bestürzt aus. »Das haben Sie gelesen?« Er schlug mit der Hand auf das Buch. Dann fügte er, neugierig, hinzu: »Wieso?«

Der Mann gab keine Antwort, schenkte Likör ein und

fragte: »Was für Bücher gibt es noch? Wo bekommt man diese Bücher?«
Der Doktor sagte irritiert: »Du lieber Himmel, Bücher gibt es wie Sand am Meer. Da kann ich schlecht raten. Gehen Sie in eine Leihbücherei, lassen Sie sich einschreiben. Oder in die Volksbücherei, dann können Sie Bücher borgen.«
»Auch solche?« fragte der Mann.
»Alle möglichen Bücher«, sagte der Doktor. »Meine Frau ist auch eingeschrieben.«

In der Nacht, während die Frau schlief und röchelte im Schlaf, lag Reiter über dem Buch, die Arme aufgestützt. Er las noch einmal in dem Buch, er las besonders die Stellen, die von jemand unterstrichen worden waren mit Bleistift. Diese Stellen taten es ihm [an], er dachte an die Person, die das eigens unterstrichen hatte und hier und da etwas an den Rand geschrieben, zum Beispiel: Irrtum! oder: Siehe Menschl. Allzumenschl. Der Mann las und las, indem er die Lippen bewegte; manchmal geriet er heftig in Bewegung, und dann fuhren die Worte in ihn wie Geister, fingen an, ihr Wesen in ihm zu treiben. Er stöhnte wollüstig, sein Kopf schmerzte, seine Augen brannten, obwohl er gute abgehärtete Augen hatte, an das blaue sternhelle Licht gewöhnte Augen. Das blaue sternhelle Licht, wenn er schweißte, hatte ihm hier und da einen solchen Augenblick verschafft oder der Anblick des roten, glühenden Stahls, wenn sein Körper mitzitterte, weil die Materie zitterte, sich aufbäumte, blühte und wegstarb unter seinen Händen. Er konnte Stahl verschmelzen, das hatte er gelernt, und nun machte er sich daran, Buchstaben, Silben zu verschmelzen in seinem Hirn, und in ihm selber war das blauweiße Licht, in dem man vor Licht nichts sah.

»Er ist entlassen worden, ich weiß es«, sagte die Frau.
»Frau Rosi«, sagte der Doktor, »beruhigen Sie sich, er

wird eine andere Stelle finden. Ich werde tun, was ich kann. Ich kenne da einen Ingenieur bei der Maschinenfabrik.«

»Herr Doktor«, sagte die Frau, »es ist alles umsonst, ich weiß es. Er kümmert sich um nichts mehr. Er schaut die Kinder nicht mehr an. Ich könnte krepieren. Von ihm aus ja, krepieren könnte ich.«

»Ich werde ihm eine Stelle verschaffen. Heutzutage ist nichts leichter als das. Haufenweis gibt es Stellen für einen gelernten Arbeiter.«

»Nein«, sagte die Frau und weinte, »es ist alles umsonst. Jetzt ist das Unglück da. Keiner gibt einen roten Heller für uns.«

»Sie sind eine dumme Frau, Frau Rosi«, sagte der Doktor, »denn Ihr Mann ist doch ein braver Mensch, ein fleißiger, braver Mensch.«

»Aber er liest. Tut nichts als lesen. Reden Sie mit ihm. Auf mich hört er ja nicht.«

»Natürlich werde ich mit ihm reden«, sagte der Doktor, »beruhigen Sie sich.« Er stampfte im Schlafzimmer der Reiters auf und ab und blieb vor dem Nachtkastel stehen, auf dem die Bücher lagen, hob eins ums andre ab. »Yoga, Einführung in das Heil«, »Die Seele und ihre Abgründe«, »Wir und das Weltall«, »Der Geist des 20. Jahrhunderts«, »Der Wille zur Macht«. Der Doktor schmiß ein Buch nach dem andern wieder hin und rief zornig aus: »Was soll denn das bedeuten!«

»Der Mann schnappt mir noch über«, klagte die Frau. »Das geht schon zwei Monate. Plötzlich hat er angefangen zu lesen. Vorher hat er nie getrunken, nur sein Bier am Abend, nicht geraucht hat er, nicht gelesen. Ich schwör es Ihnen. Ein Abstinenzler. Jetzt geht das letzte Geld auf für die Bücher und für das Bier. Ich könnte nach Hollabrunn gehen zu den Eltern.«

»Lieber nicht«, sagte der Doktor beschwichtigend, »es

wäre keine Erholung. Sie müssen in ein Sanatorium mit Ihrer Lunge.«
»Und die Kinder«, schrie sie, »die Kinder!«

Der Mann lag im Bett und las. Er stand auf, um dem Doktor zu öffnen, und legte sich gleich wieder ins Bett.
»Sie müssen mir einen Schein schreiben«, sagte der Mann und sah den Doktor aus entzündeten Augen an. »Meine Augen tun mir verdammt weh.«
»Das werde ich nicht tun«, sagte der Doktor, deutlich jedes Wort betonend. »Warum besuchen Sie Ihre Frau nicht? – Warum besuchen Sie Ihre Frau nicht im Krankenhaus!« schrie der Doktor und schlug mit der Faust auf den Tisch, auf die gehäkelte [Tischdecke], die ein Mal hinterließ. Der Blumentopf fiel um, Rosis Geranien, Rosis Blumen, Rosis Erde fiel auf den Boden.
»Warum schreien Sie mich an?« fragte der Mann sanft und langsam.
»Ihre Frau stirbt!« schrie der Doktor.
»Schreien Sie doch nicht so«, sagte der Mann leiser. Er drückte seine Zigarette aus in einem Teller, der auf dem Kastel stand; einige kleine Teller und ein Aschenbecher voll Asche und Stummeln standen schon da, einige auf dem Boden neben dem Bett, auf dem Fensterbrett.
»Sie schreien ja«, sagte nun der Mann in einem Hochdeutsch, das den Arzt erschauern ließ.
»Wie reden Sie mit mir, was erfrechen Sie sich!« sagte der Doktor zitternd in dem gleichen Hochdeutsch.
»Nehmen Sie Platz«, sagte der Mann; er kletterte jetzt aus dem Bett, kam zum Vorschein in dem Hemd, das ihm wie einem Gespenst herunterhing, einem braunkarierten Hemd, wie es der Doktor nur von seinen Leuten kannte, die zumeist in den Taghemden schliefen.
»Sie sind ein Lump«, sagte der Doktor erschöpft. Er gab ihm nicht die Hand.

Der Mann ging an ihm vorbei, und in die Küche, holte den Eierlikör und zwei Flaschen Bier. Er schenkte dem Doktor von beidem ein, lächelte ihm aufmunternd zu und stieg wieder ins Bett.
»Ich brauche einen Schein«, sagte er und lachte dazu. »Ich bin krank. Ich kann sonst nicht die Arbeitslosen beziehen.«
»Sie sind gesund. Sie werden arbeiten!«
Der Doktor probierte ungehalten den Likör und trank dann das Bier.
»Ich bin schwerkrank, das sehen Sie doch!« Der Mann strampelte wie ein Kind die Decke in die Höh, die Decke stand nun gegen das Bettende hoch in die Luft und fiel zu beiden Seiten um die Füße herunter.
»Wo sind denn die Kinder?« fragte der Doktor drohend.
»Die Kinder sind bei den Eltern«, sagte der Mann still und ließ die Decke herunterfallen. »Sonntag war ich in Hollabrunn.«
»Sie Lump«, sagte der Doktor. »Reden Sie doch! Sagen Sie die Wahrheit. Warum arbeiten Sie nicht!«
Der Mann sah mit einmal blaß und ernst aus, die dunklen feinen Stoppeln von seinem Bart erschienen wie ein schwarzer grausiger Ausschlag in seinem Gesicht.
»Ich kann nicht mehr, Herr Doktor. Das ist es. Ich kann nicht mehr. Es ist etwas gerissen in mir. Zersprungen. Ich kann nicht mehr arbeiten, zur Stund aufstehen, mich aufraffen! Nie mehr werd ich arbeiten können.«
Beide rührten sich nicht. Dem Mann traten plötzlich Tränen in die Augen. »Wie geht es meiner Rosi?« flüsterte er. »Natürlich gehe ich arbeiten, Herr Doktor. Morgen gehe ich. Morgen . . .« Er wimmerte: »Arme Rosi, arme Rosi . . .«
Der Doktor begann hin und herzugehen über Rosis blauen Läufer, der wie ein Steg durchs Zimmer führte, licht und selten benutzt. »Sie sind wirklich verrückt. Warum lesen Sie bloß all das Zeug. Unsinn ist das, zu lesen. Ein

Mensch, der im Leben steht ... Ich stehe auch im Leben, wir stehen alle im Leben, und Sie lesen, sonst können Sie nichts, lesen, machen sich fertig. Das kommt doch von den Büchern, daß Sie sich fertig machen!«
Der Mann trocknete langsam und ohne Scham seine Tränen mit einem Zipfel des Leintuchs. »Sie müssen mich aber verstehen. Ich bin Schweißer, ich kenne das ganz helle Licht. Schweißer – das ist ein sehr guter Beruf. Ich habe die Prüfung gemacht und gleich geheiratet danach. Gleich sind eins nach dem andern die Kinder gekommen. Bei den Stadtwerken habe ich gearbeitet, in fast allen Bezirken, auch im ersten Bezirk, in den Straßen, wo die großen Geschäfte sind, die Juweliere, Geschäfte, die Konditoreien, ach, die Kleider, die Radios, Autos, Eisschränke, alles habe ich aus der Nähe gesehen, man arbeitet so daneben, man sieht hin, und die meisten neiden es. Maunz ist am neidischsten, er möchte goldene Uhren und Teppiche. Aber sehen Sie, das war es nicht für mich, so neidisch war ich nie. Wir wohnen in Floridsdorf, Sie auch, Herr Doktor, darüber muß ich Ihnen wohl nichts sagen. Hier ist alles anders als es sonstwo wäre. Das Grün zum Beispiel von unseren Parks, die Luft, alles ist etwas zu kurz gekommen, den Straßen fehlt das, was eine Straße schön macht, dem Park das, was einen Park romantisch macht. Gute Wohnungen haben wir in den Gemeindebauten, aber froh wird man nicht darin, an den Räumen ist zu wenig, an allem ist etwas zu wenig, an unsren Frauen auch, an der Rosi ist zu wenig, nicht daß sie keine gute Frau wäre, aber es ist bald zu wenig an ihr geworden wie an ihrem Armband zu wenig ist, an den Holzperlen und den dünnen goldenen Ohrringen mit den Vergißmeinnicht dran, an unsren Kindern ist zu wenig, aber das merkt man vielleicht am wenigsten, weil sie selber noch nichts davon merken und es besser tragen, auch an mir und auch an Ihnen ist zu wenig, Herr Doktor, das müssen Sie mir entschuldigen, aber an Ihnen

ist auch zu wenig, weil Sie hier Doktor sind. Nein, ich beklage mich nicht, es geht uns sehr gut, ich habe meinen Lohn, meine Arbeit, da ist die Gewerkschaft, da ist die 45-Stundenwoche, vielleicht werden es bald noch weniger Stunden sein. Aber sehen Sie, ich bin Schweißer. Krankenversichert, unfallversichert, lebensversichert, meine Frau bekäme ein schönes Geld nach mir, die Wohnung ist uns sicher, der Zins niedrig, Floridsdorf ist auch eine gute Gegend, billig ist alles. Ach, ich vergesse Sie, Herr Doktor. Sie gehören auch hierher, wie die Arbeiter. Sie haben zwei Zimmer mehr, das gönne ich Ihnen, es ist recht, daß Sie mehr Zimmer haben. Abends fallen Ihnen die Augen zu wie mir, Sie trinken ein Bier, ich auch. Im Urlaub gehen Sie ins Waldviertel, ich nach Hollabrunn, da ist nicht viel Unterschied. Aber ich bin Schweißer. Ich habe schon eine gewisse Erfahrung mit dem Stahl, mit der Hitze, mit dem Licht, was für einem Licht. Wir haben Schutzbrillen. Aber was ist, wenn die Schutzbrille eines Tages vergessen ist. Wenn sie zerspringt. Schauen Sie, das könnte vorkommen. Ich habe nie meine Brille vergessen, sowas darf einfach nicht vorkommen.

Fix Laudon, da ist mir die Brille zersprungen und nun springt das Licht herein, wie ein Wolf und frißt meine Augen, reißt meine Augen und mein Hirn auf. Wie mir alles durcheinanderkommt. Wenn wir die Welt antreten sollten, denn vielleicht werden wir ja die Welt antreten, wir, an denen zu wenig ist, dann möchte ich nicht, daß an uns und allem zu wenig ist, daß dies die Welt antritt, diese gehäkelten Tischdecken und der Likör und diese Bäume, die so verschlissen herumstehen, und dieser Geruch in den Häusern und diese Straßen, die zur Not von einer Kreuzung zur anderen führen, und diese Krankenscheine, die nach schlechtem Papier schmecken, und diese öffentlichen Schulen und die Bedürfnisanstalten, die man sich als Vertraulichkeiten gegen uns herausnimmt, und überall der Wink, das Blin-

zeln, mit den Werksküchen, den Blechlöffeln, der Altersversicherung, den Rummelplätzen, Sportplätzen, den Kinos. Aber mir ist das mit dem Buch passiert. Ja, dieses Buch. Was sagen Sie nun. Ich habe ja nie vorher gelesen. Auf die Prüfung habe ich gelernt, wie Sie studiert haben. Das war alles. Dann kommt das Buch daher. Ich kann das Buch nie mehr zurückgeben . . .« Der Mann richtete sich auf und fiel wieder ganz ins Hochdeutsche: »Es ist unwiderruflich, sehen Sie, mein Lieber, unwiderruflich! Ich weiß jetzt, daß ich nicht verworfen bin, daß ich teilnehmen muß. Denn keiner ist ausgeschlossen, ich jedenfalls lasse mich nicht ausschließen. Ich bin vielleicht weniger ausgeschlossen als Sie, obwohl Sie studiert haben und ich nicht!«
»Aber ja«, sagte der Doktor verwirrt, »aber ja, es sagt ja niemand was dagegen.« Er rieb sich die Stirn mit dem Taschentuch, um Zeit zu gewinnen. Dann zog er die Brauen zusammen und schnaubte aufgebracht in das Tuch. »Sie meinen wohl, Sie sind ein Genie und ich bin der Idiot. Danke, danke. Sie faseln da etwas zusammen. Besten Dank. Warum reden Sie nicht mit Ihren Leuten? Sind Ihre Freunde vielleicht ausgeschlossen oder schlechter als Sie? Gehn Sie arbeiten und reden Sie mit Ihren Freunden. Sind Ihre Freunde vielleicht ausgeschlossen, Sie eingebildeter Mensch? Reden Sie dort. Nicht mit mir! Mit mir nicht! Für mich ist das Blödsinn; ich habe schon einiges gelesen in meinem Leben. Ich muß zu Ihrer Frau gehen, um die Sie sich nicht kümmern. Sie haben sie wieder zu dem Pfuscher gehen lassen. Jetzt hat es sich ausgependelt. Jetzt geht sie drauf, verstanden. Jetzt ist es aus.«
Der Mann sah neugierig auf den Arzt. »Glauben Sie denn, daß Brunner und Maunz solche Bücher lesen wollen. Ja, politisieren tun sie hier und da, aber wie die Kinder, ohne Gedanken. Ich hätte auch nicht lesen und denken mögen vor dem Tag. Aber jetzt weiß ich nicht mehr, was aus mir wird. Was wird aus mir, Herr Doktor? Was wird aus ei-

nem wie mir? Daß Sie mich recht verstehn: ich möchte nicht aus meiner Haut, nicht ein Studierter sein, sondern bleiben, was ich war. Ich gehe gern auf den Bau, bin immer gern gegangen. Aber ich kann nicht mehr. Ich gehe dort so fremd herum. Wissen Sie, was der Maunz gesagt hat das letzte Mal?« Der Mann sah listig und erwartungsvoll auf. »Er hat gesagt: Wir blasen dir bald etwas.«
Der Doktor ging zur Tür und sah zurück auf das zerwühlte Bett und in alle Winkel des Zimmers, als wollte er feststellen, was sich so sehr verändert hatte. Es war keine Ordnung mehr in dem Raum und der frische Geruch hatte sich verzogen; ein Paar Hosen lag auf dem Boden vor dem Kasten, verknäulte Socken daneben. Ein Vorhang war aus der Schiene gesprungen und hing schlaff auf der einen Seite des Fensters herunter. Der Doktor legte eine Beschwörung in seinen Blick, mit dem er all das wahrnahm. Aber der Mann schüttelte langsam den Kopf; er hatte verstanden und verneinte. Für sich verneinte er, wie jemand, der einsieht, auch einsehen will, aber für sich keinen Gebrauch mehr von dieser Einsicht machen kann.

Reiter saß im Kaffeehaus und trank das dritte Bier. Er ließ anschreiben.
»Ich lese jetzt ein sehr interessantes Buch«, sagte er. Der Doktor unterbrach ihn mit einer verächtlichen Bewegung.
»Gut«, sagte der Mann. »Ich bin schon still.«
»Ihre Frau ist tot, und Sie sind schuld daran. Sie haben mich zu spät gerufen.«
»Arme Rosi«, sagte [der] Mann, »sie wollte wohl sterben. Sie haben keine Schuld. Nicht daß sie mißtrauisch war gegen die Ärzte, aber sie hat immer an die Pfuscher geglaubt. Helfen Sie jemand, der an ein Pendel glaubt ... das bringen Sie nicht fertig. Es war ihr wichtiger als gesund werden, und mir sind die Bücher wichtiger . . .« Der Mann verstummte und trank.

»Ich lese ein Buch«, begann er wieder. »Draus geht hervor: im Anfang und am Ende ist alles egal. Leben und Tod. Ich lese ein anderes Buch, daraus geht hervor, daß alles einen Wert hat. Ich lese ein Buch, aus dem geht hervor, daß wir die Welt ändern müssen. Und noch eines, da geht noch allerhand hervor, wovon Sie sich nichts träumen lassen. Himmel, was da alles hervorgeht und hängt da oben wie eine Wolke, und ich schaue hinauf, während ich unten im Dreck liege und euch die Straßenbahnschienen flicke, und frage mich, wie sollen wir zusammenkommen, die Wolke und ich.«
»Das bilden Sie sich bloß ein«, sagte der Doktor schwach und trank nun auch. »Einer richtet die Lichtleitung, einer richtet das Brot, einer die Schuhe und einer die Gewehre. Sie sind ein Arbeiter, verstanden, das ist eine gute Sache. Das andre geht Sie nichts an.«
»So, so!«, rief der Mann, »geht mich nichts an! Aber freilich, Sie verordnen Ihr Aspirin, fahren einem mit dem Löffel in den Mund und stechen die Spritzen in die Venen. Ihnen ist alles egal, und drum merken Sie nicht, daß Sie auch drunten liegen wie ich, im Dreck, und daß die schöne Wolke über Sie hinzieht, als gäb es Sie nicht. Aber es muß uns geben. Es muß.«
»Das ist die Höhe«, sagte der Doktor. »Lassen Sie mich aus dem Spiel.«
Der Mann sprang auf und ging auf den Spielapparat zu. »Nein, ich lasse dich nicht«, sagte der Mann und riß an dem Hebel. »Ich lasse dich nicht, mein Geist.« Der Hebel ging krachend herunter und die Kugeln begannen zu tanzen. »Verstehen Sie«, brüllte der Mann, über den Lärm hinweg, zu dem Doktor hinüber. »Es muß eine Verbindung sein, sonst spucken mir die Bücher ins Gesicht oder ich spucke die Bücher an! Ist da ein Zusammenhang oder keiner?!«
»Wer soll das wissen?«

»Wer? Ich natürlich. Ich soll es wissen, sonst hat das alles gar keinen Sinn. Wenn ich es nicht weiß, dann ist es ganz umsonst, daß die Bahn fährt und das Brot jeden Tag frisch aus dem Ofen kommt, daß einer die Straßen kehrt und einer die Bücher macht.«
»Es wird schon auch so einen Sinn haben, auch wenn Sie es nicht wissen«, murmelte der Doktor selbstgefällig.
»Ich muß schon sagen.«
»Saufen. Stänkern. Das ist alles, was Sie können.«
»Hören Sie mir bloß auf. Hören Sie auf.«
»Eine Schande ist das, nicht zu sagen.«
»Den Seinen gibts der Herr wohl im Schlaf.«
»Da schau an. Aber es wird Sie noch reuen.«
»Lang geht das nicht mehr, ist alles zu lang gegangen.«
»Kommt eine Zeit, kommt ein Rat.«
»Ich glaube, mich beißt was.«
»Ich geb keinen roten Heller für Sie.«
»Zu nachtschlafner Zeit und am hellichten Tag.«
»Rutschen Sie mir den Buckel herunter.«
»Sie haben die Weisheit wohl mit dem Löffel gefressen.«
Der Doktor schleifte den Mann, der sich wehrte, zu dem Tisch zurück. Der Ober, der hinzugekommen war, gab sich den Anschein mitzuhelfen und flüsterte: »Tun Sie ihn mir weg, Herr Doktor.«
»Franz, zahlen«, sagte Reiter scharf, der es gehört hatte. »Nein, anschreiben.«
»Ich zahle alles«, sagte der Doktor und drückte Reiter auf einen Sessel am Tisch.
»Sehen Sie den Tisch dort drüben, am Fenster?« fragte der Mann aufgeregt. »Sehen Sie, Herr Doktor, dort unter dem Tisch ist es gelegen im Dunkeln, das Buch, mit dem es angefangen hat. Dort war meine Hand im Dunkeln und hat danach gegriffen, hat sich verbrannt. Da – meine Hand tut mir noch weh davon. Da – meine Augen, mein Kopf. Diese

Schmerzen. Dort ist es geschehen. Ist das ein besonderer Ort? Nein, ein so beliebiger Ort. Aber an jedem beliebigen Ort, in einer beliebigen Stunde geschieht so etwas, fängt es an. Ich weiß nicht, was es für Sie sein wird, Herr Doktor. Für Sie wird an einem anderen Ort, in einer anderen Stunde etwas geschehen. Dann werden Sie leiden, schreien in der Nacht, nicht mehr aus und ein wissen und nie mehr leben können wie vorher. Und fragen werden Sie, fragen, daß tausend milde flockige feuchte Antworten nicht genug fallen werden in diese einzige brennende Frage . . . Ich lade Sie ein. Seien Sie nicht fad, lade Sie ein, weil Sie so gut beisammen sind und so gut aus der Wäsche schauen. Trinken Sie noch eins mit mir, Genosse Doktor, lieber Genosse, Sie sind ein feiner Kerl. Sie würden mit uns auf die Barrikaden kommen, wenn es um die Wurst geht, aber da ist noch eine andre Barrikade. Wer steht da schon? Schaut! Bin ich das vielleicht? Wie kommen wir denn zusammen, Herrschaften, wir, denen es um den Wurstzipfel geht, und wir, denen es um den Gedanken über die ganze Wurst geht und die allergrößten Gedanken über uns und die Wurst. Schöne Wolke, die vorüberzieht . . . Was für ein Geschrei ist das in der Nacht!«

Die Leiche des Andreas Reiter, 35 Jahre alt, Schweißer bei den Stadtwerken, der sich über die Floridsdorfer Brücke in die Donau gestürzt und das Genick gebrochen hatte, wurde am anderen Tag am Ufer in der Höhe von Jedlesee angeschwemmt. Der Unglückliche hatte in einem Anfall von Schwermut gehandelt, da seine Frau kurz zuvor an Tuberkulose gestorben war und ihn mit zwei minderjährigen Kindern zurückgelassen hatte.
Die Kapelle der Arbeiter seines Bezirks spielte am Grab »Ruhe sanft« und »Ich hatt' einen Kameraden«.
Der Doktor entfernte sich, in Begleitung des Ober Franz, als erster vom Friedhof. »Ich hatt' einen Kameraden«, sag-

te er laut und entrüstet. »Das ist der reine Hohn!« Der Ober sah ihn von der Seite an und schwieg. »Wenn man weiß, was ich weiß«, murmelte der Doktor ohne Erklärung. Dann sagte er wieder laut: »Aber doch, wenn man weiß, was ich weiß, dann stimmt es. Wenn man es genau nimmt, stimmt es wieder.«

»Meine Verehrung«, sagte der Ober und verabschiedete sich.

Der Hinkende

Fragment

Gott allein weiß, warum ich hinke. Nie konnte ich in Erfahrung bringen, ob mein rechtes Bein schon seit meiner Geburt beträchtlich kürzer ist als mein linkes oder ob es erst später, in meinen ersten Jahren, ein Unfall oder eine Krankheit war, die das bewirkte.
Seit langem schon erzähle ich gerne, daß meine Eltern einen Autozusammenstoß gehabt hätten, als sie mich auf einer Geschäftsreise von Paris nach Madrid mitnahmen, daß sie selbst nur leicht verwundet wurden, ich jedoch dabei eine so schwere Verletzung erfahren habe, daß auch die Kunst hervorragender Ärzte mir nicht mehr helfen konnte.
Aus dieser Geschichte kann mancher auf eine sehr beiläufige Weise heraushören, daß ich der Sohn wohlhabender Leute gewesen sein muß und daß das Leben mir erst später schlimm mitgespielt habe.
Manchmal erregt es mich, wenn ich diese Geschichte für mich ausspinne und der verlorenen und versäumten Zeit denke, die an mir vorbeigegangen ist und immer wieder verloren und versäumt an mir vorbeigehen wird. Dann geschieht es, daß die Telephonzentrale, in der ich von früh morgens bis spät abends sitze, um den Hörer abzuheben und die Verbindung zu den angeschlossenen Apparaten herzustellen, sich in eine Gruft verwandelt, aus der ich keinen Ausstieg finde – und in meiner Brieftasche sammeln sich die Lohnstreifen wie Totenscheine, die man Monat für Monat auf meinen Namen ausstellt, ohne mich zu fragen, ob mir die Luft nicht am Ende noch für einen Atem Nahrung gibt, für eine Hoffnung, die mich hinausführt auf die Straße, in die Sonne, unter die Menschen, in deren Lachen

und Weinen. Vielleicht ist da noch Hoffnung auf einen Morgen, auf Wolken, die wie reife Trauben aneinanderhängen und aus denen, gekeltert, die Süße ganz verwunschener Zeiten aus dem Himmel strömt. Vielleicht ist da noch Hoffnung, daß man leicht werden und fliegen könnte, daß die Füße von einem abfielen, daß dieses schwere, schleppende Bein abfiele, mit dem man ans Kreuz der Ohnmacht geschlagen ist!

Doch ich brauche diese Hoffnung nicht. In meinem sauberen und komfortablen Grab fühle ich mich ausgezeichnet. Nur manchmal wird es mir eben zuviel. »Ich verbinde«, »Warten Sie, bitte!«, »Die Klappe ist besetzt«, »Ich verbinde«. – Diesen Text habe ich gut gelernt; ich kann ihn fehlerlos. Ich verbinde selbst im Traum: ich verbinde feurige Pferde, auf denen ich über Telephonschnüre springe, mit morastenen Erdlöchern, in denen ich als riesige Telephonnummer liege und immer wieder meinen Namen sagen muß. »R 27 303«, »Ich verbinde«, »R 27 303«. Ich verbinde diese riesige Nummer, die ich selbst bin, mit den nackten Würmern und dem springlebendigen Getier unter dem verhärteten Schlamm, auf den mein Kopf zu liegen kommt. »R 27 303«, »Warten Sie, bitte«, »Ich verbinde«, »Die Klappe ist besetzt«.

Aber morgens habe ich nahezu immer alles vergessen – ausgenommen den Text, und das ist gut, denn ich brauche diesen Text; ich darf ihn nicht vergessen. Dieser Text ist mein Brot.

Aber ich wollte eigentlich von etwas anderem sprechen – von diesem Tag im vergangenen Frühling, als ich nicht mehr aus und ein wußte vor Sorgen. Damals lief ich Gefahr, meine Stelle in der Telephonzentrale zu verlieren, denn es gab einen Kriegsverletzten, einen Amputierten, der sich die Freundschaft des Direktors erworben hatte oder schon des längeren besaß. Ich weiß, daß dieser Mann einen Verdienst brauchte, aber ich brauchte ihn eben auch, und es war nicht meine Schuld, daß ich mein Bein nicht im Krieg verloren hatte, nein, es war nicht meine Schuld. Ich hätte es gerne verloren; es gibt vielleicht nichts, das ich lieber verloren hätte als dieses Bein, das so wenig taugt. Ich habe immerzu verloren, immerzu, woran ich mein Herz hängte: vor Kriegsende den kleinen schmutzigen Hund, der mir zulief und mich zwei Tage und Nächte durch das halbe Land begleitete, als wüßte er, wie notwendig mir seine Nähe war, und der ein klügeres Gesicht machen konnte als die meisten Menschen; oder das große, bis zum Boden reichende Fenster meiner alten Wohnung, durch das ganz betrunkene Schatten und sprechende Gesichter kamen und mich trösteten, wenn ich mich beim Einschlag der Bomben nicht mehr retten konnte wie die anderen; und zuletzt Annas Freundschaft.

Aber daran will ich gar nicht denken.

Ich kannte sie erst kurze Zeit. Eines Tags zog sie in das kleine verwahrloste Hotel, in dem ich noch heute wohne – in das Zimmer, das neben meinem liegt. Und eines anderen Tags grüßten wir einander auf der Treppe. Wieder eines anderen Tags kam sie auf mich zu und bat mich, den Kurzschluß an ihrer Lampe zu beheben. Oh, ich weiß, wie man schadhafte Drähte verkürzt, wie man einen gestörten Kontakt wiederherstellt! Ich ließ mich nicht lange bitten, sondern machte mich gleich an die Arbeit.

Im dunklen Zimmer leuchtete sie mir mit einer Taschenlampe. Wenn ich mich umwandte, blendete mich das Licht, und Annas Gesicht war nicht auszunehmen. Aber der Schatten ihres Kopfes hing wie ein überlebensgroßes Plakat an der Wand dahinter. Ich sah Anna nicht an, aber ich blickte noch einige Male diesen Schatten an, aus dem sie, groß und unübersehbar, auf mich zukam.

Als ich ging, dankte sie mir mit herzlichen Worten. »Ich habe zu danken«, murmelte ich, und ich fürchtete, sie könnte es verstehen.

Am Wochenende schlug sie mir vor, sie auf einem Spaziergang ins Grüne zu begleiten. Ich war wie betäubt von dieser Zumutung.
»Ausgezeichnet«, sagte ich. »Ausgezeichnet! Wir gehen ins Grüne! Wir gehen ins Grüne und lassen mein Bein zu Hause. Mein Bein fühlt sich nämlich nicht sehr wohl.«
Ich hieb mir, um meinen Worten Nachdruck zu verleihen, mit der Hand auf den Schenkel. – Natürlich hatte ich keine Schmerzen. Ich habe überhaupt nie Schmerzen. Aber sie sollte wissen, daß alles nicht so einfach war, wie sie es haben wollte.
Anna sah mein Bein gar nicht an. Mir fiel auf, daß sie überhaupt noch nie davon Notiz genommen hatte. Sie sah nicht einmal mich an, sondern blickte an mir vorbei aus dem Fenster.
Wir gingen nicht ins Grüne; auch später nicht. Aber abends klopfte ich immer an ihre Zimmertür. Manchmal öffnete sie und ließ mich ein. Stundenlang saß ich in dem großen Lehnstuhl, der bei jeder Bewegung ächzte und zusammenzubrechen drohte, und erzählte ihr, was tagsüber vorgefallen war: daß der Direktor meinen Lohn erhöhen wolle, daß aber, aus verschiedenen Gründen, nicht so bald damit zu rechnen sei; daß neue Sparmaßnahmen zu erwarten seien, daß einer der Angestellten des Diebstahls beschuldigt worden sei und daß meine Straßenbahn, als ich nach Hause fuhr, ein Lastauto gestreift und leicht beschädigt hätte.
Ich erzählte gerne und viel, aber ich hütete mich, von mir zu sprechen. Als ich es dennoch unternahm, unterlief mir ein Fehler. Anna war übrigens nicht ohne Schuld.
»Ist *das* schon lange her?« fragte sie unvermittelt. Augenblicklich wußte ich, daß sie mein Bein meinte und alles, alles, was damit zusammenhängt. Als ich zögernd zu sprechen anfing, merkte ich, daß ich ihr meine alte Geschichte nicht erzählen konnte. Ich frage mich, warum ich das

glaubte, und ich weiß keine Antwort darauf. Jedenfalls mußte ich also an Ort und Stelle eine neue erfinden. Sie gelang ganz gut, und es geht daher zu weit, wenn ich sage, daß mir ein Fehler unterlief.

Ich berichtete trocken und nüchtern, daß meine Mutter, bald nach meiner Geburt, gestorben sei – mein Vater habe sie schon zuvor verlassen. Ich berichtete weiter, ohne nachdenken zu müssen, vom Leben im Waisenhaus und von der Schule; ich flocht glaubwürdige Anekdoten ein, und dann kam ich zum Eigentlichen: »Ich wollte Schauspieler werden«, sagte ich mit erhobener Stimme. »Ich wollte etwas Großes. Ich wollte nicht nur – ich wußte, daß ich etwas Großes vollbringen könnte. Aber das verstehst du nicht. Ich hatte nicht so lange Zeit und nicht soviel Geld wie die anderen. Meine Ausbildung war mangelhaft, aber ich wollte etwas Großes, ich wollte es blindlings und unbeirrbar, und ich wurde engagiert.«

Ich machte eine Pause und sah sie an. Sie hatte die Knie emporgezogen, die Arme darum geschlungen und stützte das Kinn auf den Rücken einer Hand. Sie schien zu schlafen. Ich stand auf und gab vor, erzürnt zu sein. »Ich kann auch gehen«, sagte ich drohend. Neben mir lag der umgestürzte Lehnstuhl, und ich bückte mich jetzt, um ihn aufzustellen und ihm das herausgebrochene Bein wieder einzusetzen. Anna rührte sich nicht; sie schlug nur ihre Augen auf und sah mich an, nichtssagend und dumm, schien es mir, und wartete ruhig, bis ich den Stuhl wieder instand gesetzt hatte.

Nun wurde ich wirklich zornig; ihre Dummheit und Teilnahmslosigkeit rissen mich dazu hin. »Ich wurde für die Hauptrolle engagiert«, schrie ich außer mir. »Im zweiten Akt hatte ich aus dem Fenster meiner Geliebten zu springen. Auf der Generalprobe sprang ich, wie immer, und diesmal stürzte ich, ja, und das war das Ende. Das war das Ende . . .«

Ich schrie nicht mehr, sondern streckte ruhig mein Bein vor und schaute dann die Wand an, aus der kein Schatten mehr auf mich zukam, um sich an meine Brust zu lehnen. Ich wollte gleich gehen, aber plötzlich fand ich mich ganz nah neben Anna, ich schlang den Arm um sie und gab mein Gesicht an das ihre.

»Als Kind habe ich versucht, mich zu rächen«, sagte ich, und mein Atem feuchtete ihre Wangen.

»Zu rächen . . .?« fragte sie.

»Ich habe einer Katze mit einem großen, scharfen Messer die Beine abgeschnitten, einer ganz kleinen, blutjungen Katze. Dann trug ich sie den langen Weg zum Fluß hinunter und warf sie ins Wasser. Ich hörte sie schreien, noch als sie im Wasser trieb. Es war, als schrie das Wasser. Ja, das Wasser schrie noch lang, es schrie, bis es Abend wurde, und ich lag am Ufer und zählte die Schreie.«

Anna wurde so blaß, daß ihr Gesicht kleiner zu werden schien; nur ihre Lippen traten, zusehends, röter und voller hervor. Sie ließ sich ohne Widerstand küssen.

Der Tod wird kommen

Unvollendet

Unsere Großmütter Anna und Elisabeth sind tot seit Jahren, und unsere Großväter Franz und Leopold sind tot, die Cousinen und Vettern wissen davon. Wir sind eine große Familie, und wir haben Tode und Geburten zu nennen, sogar Tode wie die von Dr. Kilb, unserem Arzt in Stetten, und der Mord an Dr. Bärenthal in Hausen, gehören dazu. Unsere Toten sind über mehrere Friedhöfe verstreut, unsere Allerheiligen, unsere Gedächtnistage, von einigen vergessen, werden doch immer von anderen erinnert, von Cousine Lise, und Cousine Alwina. Auf unseren Bauernhöfen und in unseren Stadtwohnungen liegen die Fotoalben mit den aufgepreßten Bildern, darin sind auch die Toten, und sogar Tote als Wickelkinder, unser Cousin Ernst, unser Cousin Mottl, der eine war zwanzig, der andere zweiunddreißig und angeheiratet, und in solchen Altern starben sie, auf den Schlachtfeldern oder bloß neben einer Weißdornhecke, überrascht auf einem Spaziergang von einer verirrten Kugel, Genaues wissen wir nicht. Unsere Trauer ist ungleich, und manche Tode haben wir sogar vergessen, Tante Mitzi zum Beispiel mußte eines Tages erinnert werden, daß Tante Marie, von einem anderen Strang der Familie, schon seit Jahren gestorben war, sie hatte es vergessen oder nie recht wahrgenommen, obwohl sie sonst sich genau auskennt, besonders in den Toden und Geburten und ihre Buchhaltung beherrscht. Und solche Vergeßlichkeiten erlaubten sich auch Wera und Angela und vor allem Eugen, die abgetrennt von der Familie leben und kaum mehr Weihnachtskarten austauschen mit ihren Mitgliedern, häufig auf Reisen oder in anderen Ländern sind und neue Familien gegründet haben, von denen die Familie nur vom Hörensagen weiß.

Unsere Familie, und dies ist ihr einziges sichtbares Gesetz, ist da, wegen der Toten, wegen der Astern, der Hochzeitsservice, Likörgläser oder Besteckserien, bei Hochzeiten, und wegen der Glückwünsche, mit denen sie an bestimmten Tagen die Post belastet, zu Geburten, Taufen, Geburtstagen, Muttertagen. Unsere Familie bemächtigt sich des Todes, der Krankheit, und mögen sie ihr für immer unverständlich bleiben.

Unsere Familie hat sich des Todes von Ernst bemächtigt, der sich, wegen der begangenen Fälschungen bei einer Versicherung, erhängte, und sie hat sich des Todes von einem vierjährigen Kind, von Rikki, bemächtigt, die von den Riemen der elektrischen Futterschneide erfaßt wurde und verstümmelt wurde und zugrundeging. Unsere Familie ist nicht wir alle zusammen oder ein Strang und Familienteil, sondern ein riesiger Schwamm, ein Gedächtnis, das alle Geschichten aufsaugt [und] daraus eine eigene Geschichte macht. Und zuunterst, in ihrer Feuchtigkeit, in ihrem geschwollenen Gedächtnis, sitzt ein jeder von uns, anonym und ernährt, in seiner Anonymität.

Denn wenn der Tod uns erscheint in einer verständlichen Gestalt, so tut er es uns kund, indem er [über] einen von unserer Familie dahingeht. Wenn das weiße Kuvert im Briefkasten liegt, wenn unter der poste restante ein Trauerrand auftaucht, wenn die Nachricht an einem gewöhnlichen Briefende steht: »PS. Weißt Du, daß Onkel Karl vor zehn Tagen gestorben ist an Magenkrebs, er hatte furchtbar zu leiden, es war eine Erlösung«, dann tritt die Familie in ihre Rechte und zaubert ein Leben in ein paar Strichen vor uns hin, das Leben Onkel Karls: einmal war er in Deutschland als Arbeiter, dann heiratete er Tante Resi, Onkel Karl zupfte am Ohrläppchen, spielte abends Karten im Wirtshaus, Quartalsäufer, ging nicht zum Begräbnis, als

Großvater starb, stritt immerzu mit Onkel Hans, wegen des Gartens, wegen des Obstes, Onkel Karl hatte eine schöne Stimme, spielte Laute, und, und, und Onkel Karl, jetzt gestorben, jetzt unter Astern, vor drei Jahrzehnten mit einem Likörservice bedacht, jetzt mit einer Minute Schweigen, zwischen zwei Tätigkeiten, zwei Briefen von anderswoher, zwei Unzugehörigkeiten.
Unsere Familie, ohne Maßstab, ohne Beschränkung, setzt ihren Maßstab an die Leben, einer hat es weit gebracht, der hat es zu nichts gebracht, einer ist eine Schande für die ganze Familie, und ein anderer eine schwere Last, und geheime Nachrichten und geheime Urteile werden weitergegeben und [– – –]. Der Tod wird kommen und kein Ende setzen. Denn weil das Gedächtnis der Menschen nicht reicht, ist das Gedächtnis der Familie da, eng und beschränkt, aber ein wenig länger, ein wenig treuer. Treu aus Not, der kleinen Unsterblichkeit zuliebe, ein halbes Jahrhundert reichend, dann vergißt auch sie die Astern für die ältesten Toten, den Buchsbaum und seine Pflege. Gewissermaßen wacht die Familie auch über den Namen, ohne daß mit Bestimmtheit zu sagen wäre, warum in dieser Familie nur bestimmte Namen zugelassen sind und andere nicht. Auch die Angeheirateten richten sich danach und heißen Trude, Peter, Franz, oft Elisabeth, oft Stefanie, Josefine, Therese, wovon sie freilich nur vor Behörden und bei wichtigen Zeremonien den ganzen Namen anlegen dürfen. Der Werktagsname, der Name im Gebrauch, ist Lisi und Lisa, Steffi, Fini und Resi, die Anni, Rosi, Edi gesellen sich ihnen zu. Ein einziges Mal waren die Familiennamen in Gefahr, als sich Onkel Peter [mit] einem Fräulein, das sich Mary nannte, verlobte, im Jahre 1925 und dann noch einmal, als Cousin Ernst in seinem letzten Urlaub vor seinem Tod die Familie mit der Nachricht erschreckte, ein Mädchen namens Karin heiraten zu wollen, aus Uelzen bei Hannover. Diese Karin, die im Jahr 1957

die Anverwandten ihres toten Bräutigams besuchen kam, verliebte sich am Ende ihres Aufenthalts aber in einen deutschen Sommergast aus dem Rheinland, und fuhr mit dem Menschen Wolf-Dieter zurück in Gegenden, in denen ihr Name besser gedeihen möchte als hier.

In unserer Familie gibt es mindestens zwei Mörder und zwei Diebe und drei Dirnen, obwohl niemand dies unserer Familie ansieht, und unsere Familie hat der Geschichte und der Politik ihren Tribut gezahlt, sie hat, ohne Verabredung, in jede Partei eines ihrer Mitglieder entsandt und manchmal mehrere. Alle Ideen wurden in unserer Familie vertreten, wenngleich nicht in ihrer höchsten und formulierbarsten Form, sondern auf eine popularisierte Weise, unsere Familie trat auf den Ideen herum und bog sie sich zurecht, und eines Tages hatte sie ihre Monarchisten und Anarchisten, ihre Sozialisten, Kommunisten. Und dann kam eine Zeit, da hatte sie ihre Nazis und Antisemiten, die Wirrköpfe und ihre Plünderer und Mörder, und zugleich hatte sie auch die Opfer, und manchmal waren einige beides zugleich, wie Onkel Sepp, der eine der niedrigsten Parteinummern im Land hatte und sich im Krieg mit den Parteileuten zerstritt wegen einer Fuhre Holz und im Konzentrationslager endete, ein Opfer wovon, niemand weiß das, [– – –].

Aber unsere Familie, und das macht ihren Zauber aus, weiß gar nichts von den Ideen, die sie hat mit ausbrüten helfen, denen sie Vorschub geleistet hat, die sie miternährt hat. Unsere Familie ist ein kopfloser großer Körper, der sich durch die Zeit schleppt, dem die Glieder abgehackt werden und dem neue nachwachsen. Sie ist das kopflose Ungeheuer, für das Ministerien zuständig sind und Religionen, Sittengesetze und Gesetzbücher, und gewissermaßen ist auch unsere Familie eine heilige, denn sie wird viel im Mund geführt, sie scheint etwas Untadeliges, Göttliches zu sein, und dies alles bloß, weil sie sich verzweigt hat, weil in den Büschen an der Gail sich zwei gepaart haben oder im Trunk Onkel Edi Tante Fini noch ein Kind gemacht hat. Dies alles befugt unsere Familie, einen Rechtsanspruch auf die Welt zu haben, diese Erde gehört ihr, und keiner würde es wagen, sie ihr streitig zu machen. Denn unsere unheilig-heilige Familie ist unwissend und unschuldig, sie ist nicht, was einzelne sind, sondern sie, die alle zusammen ist, erhebt sich stolz und trägt triumphierend unseren Namen. Ja, wir gehören ihr an, sie ist besser als wir, nicht nur eine Idee, sondern etwas Fleischgewordenes.

Tante Lisi muß in ein Altersheim gebracht werden. Cousine Rosi hat Zwillinge bekommen, zweieiig, zwei Mädchen, [sie] heißen Erna und Alwina. Gott sei gedankt für alles. Onkel Sepp [ist] zum dritten Mal im Spital, dieses Jahr. Wir seufzen, die ganze Familie seufzt durch, wenn jemand ins Spital muß. Die Familie ist in den Krankheiten wirklich eingerichtet. Krankheiten, wenn sie nicht so beseufzt und bejammert würden – müßte man annehmen, daß alle nur begierig darauf warteten, daß wieder jemand krank wird. Tante Erna muß sofort nach K. fahren, weil Rosi krank geworden ist, und die Kinder hüten. Sie schreibt allen davon, wird von Tante Lisa abgelöst, und Fanny, unsere älteste Cousine, muß zuletzt alle Kinder zu sich nehmen und durchfüttern bis Rosi gesund ist. Wenn Fanny krank ist, kommt aber nur Tante Maiza, o es gibt ungeschriebene Gesetze! In einer Familie gibt es immer einige Frauen, die alle Kinder hüten, alle Krankheiten durchmachen, alle Hilfen leisten müssen, und andere, die sich weniger beteiligen müssen, dafür aber für anderes sorgen. Unsere Cousinen Maiza und Wine zum Beispiel sorgen dafür, daß der Gesprächsstoff in der Familie über Verpöntes, Lasterhaftes nicht ausgeht. Die ganze Familie entrüstet sich unentwegt über die ältesten und neuen Geschichten unserer beiden Cousinen. Maiza hat sich scheiden lassen, ist dem Pfarrer nachgerannt, war mit dem halben Dorf im Bett, und, nach Tante Lisa »nimmt sie jetzt keiner mehr«, seither hält sie sich die italienischen Bauarbeiter und die Reisenden, die durchs Tal kommen. Wine ist die Jüngste und hat schon zum dritten Mal ein Verhältnis mit einem verheirateten Mann. Die Familie kennt die zum Klatsch zugelassenen und die wahren Ausgaben von Wines fluchwürdigem Leben, die Familie läßt nur einen Teil der Wahrheit durchsikkern, aber unter sich ist sie um so grausamer, richterlicher, auf Einzelheiten erpicht. Jeder in der Familie wird von der Familie gerichtet, es gibt Ankläger und Verteidiger, Publikum, und jeder ist in jedem Fall etwas anderes, der Verteidiger auch manchmal Zuschauer, der Ankläger manchmal Verteidiger.

Wer Maiza anklagt, bleibt Wine gegenüber gleichgültig, nur die Älteren sind allen gegenüber streng und lassen nur die Toten sich verklären zu Leitbildern. Unsere Großväter sind verklärt und unsere Großmütter, von den Urgroßeltern aller ganz zu schweigen, denen schon die Flügel wachsen, und die von fernher ein Licht auf die schwarze [– – –].

Ab und zu, für Jahre, schämt sich ein Teil der Familie für den anderen. Unser Onkel Edi schämt sich vor seiner Frau, unsere Tante Erna für seine Familie, und unser Cousin Edi schämt sich für Onkel Edi und Tante Erna und alle ihre Kinder, sie schämen sich Fremden gegenüber, Landräten, Bezirksrichtern, Sommerfrischlern, und jeder hat seinen Grund. Onkel Edi schämt sich, weil Tante Nana Kürbisse auf dem Feld gestohlen hat, das einem Verwandten von Tante Erna gehört, und er schämt sich, weil Fredi Kommunist ist, und über den Zaun mit den Sommerfrischlern redet von »sauberer Regierung«, von den Pensionisten und »die Gehaltsempfänger« und dabei Onkel Sepp im Auge hat, der von seiner Pension lebt, und Fredi bekommt jedesmal einen roten Kopf, wenn er an die Existenz von Sepp erinnert wird, der SA-Mann war und in Jugoslawien an weiß der Himmel was für »Aktionen beteiligt war«; von Aktionen war oft die Rede, und Sepp hört auch nicht auf zu reden von den Offizieren und den Juden, die schuld waren, daß der Krieg verloren ist, und jeden Abend sagt er seinen Kindern vorm Schlafengehen: Österreich ist unser Heimatland, aber Deutschland ist unser Vaterland, und er schickt die Kinder zu einem Verein, der verboten ist, und dort lernen sie noch einmal, was er spät gelernt hat, wieder singen, Fahnen entrollen, Lagerfeuer anfachen, und Tante Resi schüttelt den Kopf, die auch davon weiß, und darum weiß eigentlich auch die ganze Familie davon, unter dem Siegel der Verschwiegenheit: es wird kein gutes Ende nehmen. Die Kinder soll er wenigstens draußenlassen. Die Kinder. Die Kinder. Tante Erna sagt, es wird schon nur halb so schlimm sein, und erzählt es weiter. Und alle erzählen weiter, daß Irg noch immer glaubt, daß Hitler lebt, und daß alles heute in den Zeitungen gelogen ist, Lug und Trug sagt auch Peter, und Hansi sagt, mit Politik will er nichts zu tun haben, Irg sagt, wenn es gegen die Russen geht, sofort wieder, er kennt die Russen, er war im Kaukasus, von unserer Familie waren fünf in Rußland, die kennen die Russen, zwei waren in Frankreich, die kennen die Franzosen, zwei waren in Norwegen und in Griechenland, die wissen alles über die Norweger und Griechen. Alle haben sie kein rechtes Vertrauen zu den Ländern, die sie kennen, und schließlich sind unsere Toten in Rußland und Griechenland und Polen und Frankreich, aber von denen erfahren wir nicht mehr, was sie denken, und Kurt und Seppi waren einmal in Italien, auf dem großen Friedhof von Aprilia und haben dort Blumen auf das Grab von Hans gelegt, sie erzählen und man erzählt weiter, daß der Friedhof sehr gut gehalten ist, sehr schön gepflegt, und riesengroß, ein mächtiger Friedhof, fast nicht zu glauben wie groß, und sehr gut gehalten.

Einen Sinn für das Große hat unsere Familie, für große Zeiten und für alles Gewaltige.
Von der Sprache aber unserer Familie, denn wie könnte man unsere Familie begreifen, wenn man ihre Sprache nicht kennte, und die ist alt und wild und stehend und zu Sprüchen gehämmert, und diese Sprache ist, wie alle Sprachen, manchmal schon längst keinem Gegenstand mehr angepaßt und manchmal ganz genau dort, wo die Poesie entspringt.
Dies ist die Sprache unserer Familie:
Fredi ist keinen roten Heller wert.
Erna hat nicht schwarz unter den Nägeln.
Was Hans sagt, hat nicht Hand und nicht Fuß.
Wir hören das Gras wachsen und da glaub ich, es beißt mich etwas und Jesus Maria und Josef, und er hat sie genommen wie die Dirn vom Tanz, und Hur bleibt Hur, vergelt's Gott, in der Not frißt der Teufel Fliegen. Unsere Familie, die plappert nach, die redet, solang der Tag hell ist, die redet und redet, in den Küchen, den Kellern, in den Gärten, auf den Äckern, man versteht gar nicht, was die soviel zu reden haben, aber die erfüllen die Welt mit ihren [– – –]. Tante Erna steht schon wieder am Zaun mit der Nachbarin, Onkel Sepp trinkt sein Budele Schnaps bei Onkel Edi im Gasthaus, sie reden, vom Heu, von heißen Wikkeln, vom Wetter, vom Schweineschlachten, von der Gemeinde, von der Pacht, von der Genossenschaft. Unsere Familie sorgt dafür, daß nichts unberedet bleibt in der Welt, und sie hat schon ihre eigene Meinung über alles, und die läßt sie sich nicht abkaufen, nur manchmal ist ihr eine Weile, sieben Jahre lang, ein Teil der Meinungen verboten worden, dann hat sie sie wieder, unsere Familie hat alle Vorurteile auf der Welt, wenn es sie nicht schon gäbe, erzeugt, alle Grausamkeiten sich ausgedacht, in unserer Familie heißt es: die oder den sollte man aufhängen oder anzeigen oder der verdient's nicht besser, und doch hat un-

sere Familie auch eine Milde, ihre Tränen, da ist schon geweint und geschluchzt worden über die Schlechtigkeit der Welt, über eine krepierte Kuh, über Tante Maria, über Maizas Unglück, unsere Familie weint am liebsten über sich selbst, über das, was ihr zustößt, kaum je über das, was andren zustößt, da hat sie Schauer, die sie genießt: habt ihr schon gehört, den Taller haben sie mit drei Stichen im Bauch gefunden, im Obertal. Unsre Familie genießt die schlechten Nachrichten, es war ihr keine Stadt genug bombardiert, keine Totenzahl zuviel, sie hat sie immer noch erhöht, sie macht aus hundert Toten fast tausend, damit der Schauer größer ist, sie räkelt [sich] und wühlt im Unglück, aber um ihr nicht Unrecht zu tun, selbst ihr eigenes Unglück steigert sie, die Schmerzen, die einer gelitten hat, werden [– – –].

In unserer Familie muß jeder irgend jemand ähnlich sehen, das ist Gesetz, schon von den kleinsten Kindern wird gesagt, wem sie ähnlich sehen, der Nona oder Onkel Hans, der in Aprilia begraben ist oder Tante Anna. Die größte Ehre wird dem erwiesen, der der Nona ähnlich sehen darf, unsrer einen Großmutter, die jedoch immer Schrecken verbreitet, wenn man von ihr spricht, die der meisten Geheimnisse unsrer Familie wert befunden wird. Hier und da deutet einer an, wie hart sie war, daß sie den Enkelkindern nie ein Stück Zucker gegeben hat, wie einsam sie und gescheiter als die anderen, wie sie Bücher gelesen hat und alles aus der Geschichte wußte, von Rudolf von Habsburg und vom Kaiser Maximilian, und dem Prinzen Eugen, und wie sie laut und deutlich in ihrem Schlafzimmer und stundenlang aus dem Geschichtsbuch las, niemand durfte zu ihr, und niemand durfte sie duzen, am Ende dachte sie, daß alle sie vergiften wollten, und daß eine Verschwörung gegen sie im Gange sei, damals hatte Tante Erna immer geweint, weil sie beinah glaubte, die anderen glauben auch, daß sie die Nona vergiften wolle, und Onkel Peter kam nie mehr

ins Haus, weil er sich das nicht gefallen ließ, als Mörder von seiner Mutter bezeichnet zu werden [– – –].
Wäre ichs wert, einer Familie anzugehören, wenn ich ihre Mörder verraten würde, ihre Diebe anzeigen würde. Es ist wohl möglich, die fremden Familien ihrer Verbrechen und Defekte zu zeihen, aber die eigene, mit ihren schwärenden Eiterbeulen, nie, die werde ich nie verraten. Und doch ist mir mehr erlaubt, an unserer Familie zu sehen als an jeder anderen. Ein großes Aug ist mir für unsere Familie gewachsen, ein großes Ohr geworden für ihre Sprachen, ein großes Schweigen mir geworden über soviel, das aus großer Nähe zu verschweigen ist.
Schweigen wir. Unsere Familie, die sich auf der Erde ausgebreitet hat, wie die Menschheit inmitten von fremden Geschöpfen, unsere Familie, von der die Welt unheilbar geworden ist.
Ich und Wir. Meine ich manchmal nicht nur mehr Wir? Wir Frauen und Wir Männer, Wir Seelen, Wir Verdammten, Wir Schiffer, Wir Blinde, Wir blinde Schiffer, Wir Wissende. Wir mit unseren Tränen, Eitelkeiten, Wünschen, Hoffnungen und Verzweiflungen.
Wir unteilbar, geteilt durch jeden einzelnen, doch Wir.
Meine ich nicht Wir, gegen den Tod gehend, Wir, von Toten begleitet, Wir Hinsinkende, Wir Vergebliche?
In soviel Momenten sind Wir. In allen Gedanken, die ich nicht mehr allein zu denken [ver]mag. In Tränen, die nicht allein um mich geweint werden mögen.
Wir wünschen Uns zum Neuen Jahr. Wir wünschen Uns, daß [es] Rosi besser gehen möge, wünschen Tante Erna einen sanften Tod. Fürchten Onkel Edi. Denken oft an Nana.
Nana, die durch die Türen huschte und die Tränke mischte, das Vieh zum Brunnen trieb. Nana, die sagte: Oh Gott, oh Gott. So fing jeder ihrer Sätze an. Nana, die wahnsinnig wurde und ans Bett gebunden werden mußte. Die in

der Irrenanstalt war, die zu verhungern fürchtete, der keiner ein Brot gab, die den Kürbis stahl auf dem Nachbarfeld. So wenig von Nana, so alles von Nana, wer war sie, ist sie, unsere Tote?
Bestraft sie nicht. Straft uns um keinen. Ein Natterngezücht, die Auserwählten, das sind wir, das einer zu zertreten wünscht und einer zu Großem will. Immer wir, ich will geliebt sein um alle.

Besichtigung einer alten Stadt

Weil Malina und ich Wien sehen wollen, das wir uns noch nie angeschaut haben, machen wir eine Fahrt mit dem AUSTROBUS. Dem Fremdenführer hängt eine Beethovenmaske um den Hals, und während wir, nach den Gesichtspunkten eines uns unbekannten Reisebüros, ein ganz neues Wien erleben, bemüht sich der Fremdenführer, englisch für die Amerikaner zu sprechen, nur uns beide sieht er mißtrauisch an, obwohl wir uns als Mr. und Mrs. Malina angemeldet haben, um mit echten Ausländern mitzudürfen. Der Fremdenführer wird schon mit allen möglichen Fremden durch Wien gefahren sein, Brasilianern, Pakistani und Japanern, denn sonst könnte er sich nicht diese gewagten Abschweifungen erlauben und an den seltsamsten Orten halten lassen. Denn zum Beispiel läßt der Mann fürs erste nur anhalten an vielen Brunnen, alle dürfen aussteigen und trinken aus dem Genienbrunnen, dem Danubiusbrunnen, im Stadtpark sogar aus der »Befreiung der Quelle«. Der Fremdenführer erklärt, das Wiener Hochleitungswasser, the most famous water in the world, müsse jeder einmal getrunken haben. Ohne Halt geht es an vielen graugrünen Barockkuppeln vorbei, die Karlskirche wird ausgelassen, die Nationalbibliothek unterschlagen, Erzherzog Karl, der Sieger, der Löwe von Aspern, wird vertauscht mit Kaiser Maximilian I. in der Martinswand, den ein Engel herausgeführt hat, nach seiner Verirrung, aus einer Tiroler Wand, und den heute der Fremdenführer kurzerhand auf ein Pferd nach Wien gesetzt hat. Vor einer Konditorei in der Inneren Stadt wird zu Malinas und meiner Verblüffung angehalten, die Amerikaner haben fünf Minuten Zeit, um sich Mozartkugeln zu kaufen, the most famous Austrian chocolates, ad gloriam and in memoriam of the most famous composer of all the times, und während die Amerikaner folgsam in eine trockene Imitation der Salzburger Mozartkugeln hineinbeißen, kreisen wir einmal um die Pestsäule, to remember the most famous and dreadful illness in the world which was stopped with the Austrian forces and prayers of Emperor Leopold I. Wir fahren rasch an der Staatsoper vorbei, where are happening the greatest singing successes and singing accidents in the world, und besonders rasch geht es am Burgtheater vorbei, where are happening every evening the oldest and most famous dramas and murderings in Europa. Vor der Universität geht dem Fremdenführer der Atem aus, er erklärt sie eilig zum oldest museum of the world und deutet erleichtert auf die Votivkirche, which was built to remember the salvation from the first turkish danger and the beaten turks left us the best coffee and the famous viennese breakfast Kipfel, to remember. Er flüstert mit dem Fahrer, mit dem er im Bund ist, und es wird aus der Stadt hinausgefahren. Denn wegen einer Einsturzgefahr müßten wir den Stephansdom vermeiden, die Pummerin sei gerade ausgeliehen nach Amerika und werde auf einer Wanderausstellung gezeigt, das Riesenrad sei leider in einer der größten deutschen Firmen, zum Umbau, um vergrößert zu werden für die künftigen, immer größer werdenden Ansprüche. Der liebe Gott wird im Vorüberfahren gezeigt, er hat eine Ruhebank im Lainzer Tiergarten. In Schönbrunn wird endlich eine Rast gemacht, und scheu bewundern alle den Doppelgänger des Friedenskaisers, der sein 70jähriges Regierungsjubiläum hinter sich hat und einsam, würdevoll, spazieren geht im Park. Er hat es nicht gewollt. Es ist ihm nichts erspart geblieben. Der Fremdenführer blättert in seinem Notizblock, er hat endlich die Stelle gefunden: An meine Völker! Der Fremdenführer sieht hilfesuchend zu Malina und mir, er hat schon einen Verdacht, denn er weiß

offenbar nicht, wie er die drei Worte übersetzen soll. Aber Malina schaut den Mann unbewegt an. Der Fremdenführer fragt: is something wrong, Sir? Malina lächelt und antwortet in seinem besten Englisch: oh, no, it's extremely interesting, I'm interested in history, I love culture, I adore such old countries like yours. Der Fremdenführer verliert einen Verdacht, er rettet sich in einen anderen Satz, Wednesday of July 29th 1914 the Emperor of the most famous Empire in the world spoke to his nineteen peoples and declared that in the most earnest hour of the greatest decision of our time before the Almighty, he is conscious. Eine kleine Miss ruft: Gosh! sie will nicht glauben, daß ein so kleines Land einmal ein großes Land war, sie war auf eine Operette gefaßt, auf Grinzing, auf die schöne blaue Donau. Unser Fremdenführer weist die hübsche kleine Amerikanerin zurecht: this was the biggest country which ever existed in the world and it gave a famous word, in this country the sun never goes down. Malina sagt hilfreich: the sun never set.
Aber bald wird es wieder friedvoll, ein Anarchist hat Frau Romy Schneider getötet, in Korfu und in Miramar tagen Konferenzteilnehmer zahlloser Konferenzen, Madeira nimmt einen Aufschwung durch Kreuzfahrten. Der Fremdenführer lenkt ins Gemütvolle, er leistet sich einen Walzertraum, der weiße Flieder blüht wieder und auch im Prater blühen wieder die Bäume, der Kronprinz Rudolf lernt Madame Catherine Deneuve kennen, die gottlob im AUSTROBUS jeder kennt. In Mayerling stehen wir im Regen herum, der strengste Nonnenorden wacht über einem kleinen Waschtisch, der gezeigt werden darf, es sind keine Blutflecken zu sehen, denn der Trakt mit dem Zimmer ist, auf allerhöchsten Befehl, vor einem halben Jahrhundert niedergerissen worden und durch eine Kapelle ersetzt. Nur eine Nonne darf mit uns sprechen, alle anderen Nonnen beten für sie, bitten für sie. Die Nacht bricht herein. Wir

haben für unser Geld noch nicht alles bekommen, Vienna by night steht uns noch bevor. Im ersten Lokal treten die Zigeunerbarone und die Csárdásfürstinnen auf und werden begeistert beklatscht, es gibt zwei Gläser Wein für jeden, im zweiten Lokal lungern die langhaarigen Bettelstudenten herum und die Vogelhändler gehen jodelnd von Tisch zu Tisch, es gibt ein Glas deutschen Sekt für jeden, die Amerikaner kommen mehr und mehr in Stimmung, wir ziehen durch die Innere Stadt, von einem Land des Lächelns ins andere, ein älterer Amerikaner belästigt im Übermut die lustige Witwe. Um fünf Uhr früh sitzen wir alle vor einer Gulaschsuppe, auch der Fahrer vom AUSTROBUS ist mit von der Partie. Der Fremdenführer schenkt versöhnt der kleinen Miss die Beethovenmaske, und alle singen Die Geschichten aus dem Wiener Wald mit, der Fremdenführer und der Fahrer versuchen sich allein im Wiener Blut. Endlich stellt sich heraus, daß nur der Fahrer wirklich eine prächtige Stimme hat, und alle wollen, daß er etwas allein singt, für ihn gibt es kein Halten. Wien, Wien, nur du allein! Malina ist am Ende seiner Kräfte, ich fühle es von ihm auf mich übergehen, er schiebt dem Fahrer ein Trinkgeld zu, der mir zuzwinkert und mich jetzt als einziger durchschaut hat, er läßt mich nicht aus den Augen, kümmert sich keinen Deut um die junge Amerikanerin, und singt zu Malina hin: Grüß mir die lachenden, reizenden Frauen im schööönen Wien! Your husband doesn't like music? fragt der Fremdenführer aufmerksam, und ich sage verwirrt: not so late, not so early in the morning. Malina fängt mit dem älteren Amerikaner übereifrig zu reden an, er gibt vor, an einer Universität im Mittelwesten europäische Geschichte zu dozieren, er sei überrascht von seinem ersten Aufenthalt in Wien, es gebe hier so vieles zu bemerken, was noch niemals bemerkt worden ist, auch wie hier allerorten das Abendland schon gerettet wird, hier allein gebe es noch diese sagenhafte Tradition, Apollo, Thalia, Eos, Urania, dem Phönix, ja, sogar dem Kosmos sind hier Kinos gewidmet, Eden ist sogar ein Nachtlokal, für Diana wird mit einer leichten Damenfilterzigarette wieder geworben, Memphis wird von einer Konkurrenzfirma ins Gedächtnis gerufen. Ich denke an unsere Apostolischen Kaiser und flüstere Malina zu: ich glaube, der Mann hat sich einfach nicht getraut zu sagen, daß sie zu Semmeln verbacken und in Schmarren zerrissen worden sind. Der Amerikaner, der sich zu Missouri bekennt, prostet Malina zu, in dem er einen feinen guy erkennt, der seine Beobachtungen und sein Wissen übers große Wasser in die Wildnis tragen wird.

Gestärkt von der Gulaschsuppe und den Liedern, erinnert der Fremdenführer daran, daß es noch nicht in die Betten, sondern unbarmherzig weitergehe, denn es ist bereits heller Tag.

Ladies and Gentlemen! Our trip will finish in the Kapuzinergruft. Die Amerikaner sehen einander fragend und enttäuscht an. Einige wären lieber in den Prater gegangen, aber am Morgen gibt es keinen Prater und auch keinen Heurigen, und wir halten schon vor der Kapuzinerkirche und müssen fröstelnd und übernächtig hinunter in die Gruft. Here you can see the most famous collection in the world, the hearts of all the habsburgian emperors and empresses, archdukes and archduchesses. Eine betrunkene alte Amerikanerin fängt zu lachen an, die kleine Miss läßt die Beethovenmaske fallen und schreit: Gosh! Wir möchten alle heraus aus den Grüften, der ältere Amerikaner, dem noch die lustige Witwe gefallen hat, muß sich übergeben. Der Fremdenführer findet es einen Skandal und flucht, aber nicht mehr auf englisch, die Ausländer seien eben alle nur auf ein Vergnügen aus, von Kultur keine Ahnung, Ehrfurcht überhaupt keine, es wäre sein Beruf einfach der undankbarste Beruf von der Welt, für ihn wirklich kein Vergnügen, diese Barbaren haufenweise durch die

Wiener Tage und Wiener Nächte zu führen. Er treibt seine Herde zurück in den Bus. Malina und ich steigen nicht ein, wir bedanken uns und behaupten, wir hätten nur ein paar Schritte zu unserem Hotel, und gehen schweigend, eingehängt, eng aneinander gedrängt zum nächsten Taxistand. Im Taxi sprechen wir kein Wort, Malina ist am Einschlafen, und zuhause, in der Ungargasse sage ich: das war doch deine Idee. Malina sagt erschöpft: ich bitte schon sehr, das war wieder einmal deine Idee.

Bibliographischer Nachweis

DIE FÄHRE S. 7

Ein handschriftlicher Entwurf ist datiert *Klagenfurt, 8. Juli 1945,* Manuskript 5852 aus dem Nachlaß.
Der Textgestalt liegen zugrunde:
Kärntner Illustrierte. Klagenfurt, Jg. 2, Nr. 36 vom 31. Juli 1946. S. 3. (Erstveröffentlichung.) – Revidierte Fassung in: Wiener Tageszeitung. Zentralorgan der Österreichischen Volkspartei. Wien, Jg. 3, Nr. 96 vom 24. April 1949. S. 3.

IM HIMMEL UND AUF ERDEN S. 12

Der Textgestalt liegen zugrunde:
Typoskript 6355–6357 aus dem Nachlaß. – Wiener Tageszeitung. Zentralorgan der Österreichischen Volkspartei. Wien, Jg. 3, Nr. 125 vom 29. Mai 1949. S. 6. (Einzige Veröffentlichung.)

DAS LÄCHELN DER SPHINX S. 16

Der Textgestalt liegt zugrunde:
Wiener Tageszeitung. Zentralorgan der Österreichischen Volkspartei. Wien, Jg. 3, Nr. 224 vom 25. September 1949. S. 5. (Einzige Veröffentlichung.)

DIE KARAWANE UND DIE AUFERSTEHUNG S. 20

Der Textgestalt liegen zugrunde:
Typoskript 942–949 aus dem Nachlaß. – Wiener Tageszeitung. Zentralorgan der österreichischen Volkspartei. Wien, Jg. 3, Nr. 301 vom 25. Dezember 1949. S. 11. (Erstveröffentlichung, noch unter dem Titel KARAWANE IM JENSEITS.) – Revidierte Fassung in: Wiener Kurier. Wien, Nr. 88 vom 12. April 1952. S. 9.

DER KOMMANDANT S. 25

Ein Fragment aus dem frühen Roman ›Stadt ohne Namen‹
Entstehungszeit des Romans zwischen 1947 und 1951.
Früheste Erwähnung in einem Brief an die Eltern vom 13. April 1947. Am 21. Mai 1948 schreibt Ingeborg Bachmann den Eltern, sie habe »die ersten Bruchstücke des Buches zu Dr. [Siegfried] Melchinger« gegeben. Auf Grund ablehnender Kritik Umarbeitung des Romans, die etwa in der zweiten Hälfte von 1951 abgeschlossen ist.
Heimito von Doderer erwähnt den Roman in einer Tagebucheintragung vom 2. Januar 1952: »... Dies alles bei der Lektüre eines jungen Autors, Ingeborg Bachmann, deren Buch STADT OHNE NAMEN mir im Manuscripte vorliegt.« (Heimito von Doderer, Tagebuch 1952, Commentarii VII 1952, in: Commentarii 1951 bis 1956. Tagebücher aus dem Nachlaß. Biederstein Verlag, München 1976.) In der Folgezeit wurde der Roman von mehreren Verlagen abgelehnt und ist seitdem verschollen.
Nach Angaben von Hans Weigel ist DER KOMMANDANT das Anfangskapitel des verschollenen Romans.
Von der Veröffentlichung zweier weiterer Fragmente ohne erkennbaren Sinnzusammenhang, die insgesamt 14 Typoskriptseiten umfassen, wurde abgesehen.
Der Textgestalt liegt zugrunde:
Typoskript 3616, 873–881 (= S. 1–10) aus dem Nachlaß.

Auch ich habe in Arkadien gelebt S. 35
Der Textgestalt liegt zugrunde:
Morgen. Monatsschrift freier Akademiker mit der Hochschulbeilage »Der Student«. Wien. Jg. 7, Folge 7, Nr. 4, April 1952. S. 3. (Einzige Veröffentlichung.)

Ein Geschäft mit Träumen S. 38
Bisher nicht gedruckt.
Der Textgestalt liegen zugrunde:
Typoskript 1169–1174 aus dem Nachlaß. – HF-Aufnahme des NWDR Hannover vom 3. November 1952. (Einzige Veröffentlichung.) – Typoskript 897–904 aus dem Nachlaß. Revidierte Fassung.

Portrait von Anna Maria S. 45
Unvollendet
Entstanden zwischen 1955 und 1957.
Aus dem Briefwechsel im Sommer 1957 zwischen Ingeborg Bachmann und Dr. Joachim Moras, dem Herausgeber der Zeitschrift »Merkur«, geht hervor, daß die Erzählung zur Veröffentlichung im »Merkur« bestimmt war. Eine angekündigte Überarbeitung der Erzählung wurde nicht zu Ende geführt und zu einem nicht bestimmbaren Zeitpunkt aufgegeben.
Der Textgestalt liegt zugrunde:
Typoskript 755–762 aus dem Nachlaß.
Im Zuge der Überarbeitung war folgender Satz gestrichen worden: *... und die Meinung aller wechselte, als sie vor kurzem starb, und seither hörte ich von ihr meistens als von der »Ärmsten« sprechen.* Vgl. S. 56. Da auf diesem Satz das Ende der Erzählung aufbaut, wurde die Streichung aufgehoben.

Der Schweisser S. 56
Entstanden nach dem Januar 1959.
Der Textgestalt liegt zugrunde:
Typoskript 771–786 aus dem Nachlaß, ohne Titel.

Der Hinkende S. 73
Fragment
Der Textgestalt liegt zugrunde:
Typoskript 749–754 aus dem Nachlaß, ohne Titel.

Der Tod wird kommen S. 79
Unvollendet
Wahrscheinlich um 1965 geschrieben.
Erstveröffentlichung aus dem Nachlaß in: Jahresring 76/77. Literatur und Kunst der Gegenwart. Jg. 23, Stuttgart 1976. S. 88–95. Der Abdruck enthält willkürliche Auslassungen und Druckfehler.
Der Textgestalt liegt zugrunde:
Typoskript 1507–1510; 1513; 1511; 1515; 1514; 1512; 1517 aus dem Nachlaß. (Den durch Komma getrennten Typoskriptzahlen entsprechen fortlaufende Seiten. Den durch Semikolon getrennten Typoskriptzahlen entspricht das Ende einer Seitenfolge oder eine einzelne Seite.)

Besichtigung einer alten Stadt S. 90
Der Text gehörte ursprünglich zu dem Roman Malina und war konzipiert als Anfang des dritten Kapitels »Von letzten Dingen«.

Der Textgestalt liegen zugrunde:
Typoskript 6359–6365 aus dem Nachlaß. – Text + Kritik. Zeitschrift für Literatur. München, 2. Aufl., Heft 6, Juni 1971. S. 18ff. (Erstveröffentlichung.) – Jemand der schreibt. 57 Aussagen. Carl Hanser Verlag, München 1972. S. 213–217.

Ingeborg Bachmann

Anrufung des Großen Bären
Gedichte. 79 Seiten. Serie Piper 307

Daß noch tausend und ein Morgen wird
Auswahl und Einführung von Christine Koschel und Inge von Weidenbaum.
Mit 12 Farbfotos von Erika Hausdörffer und Alfred Darda.
89 Seiten. Geb.

Das dreißigste Jahr
Erzählungen. 247 Seiten. Leinen

Der Fall Franza / Requiem für Fanny Goldmann
192 Seiten. Leinen
(Auch in der Serie Piper 1121 lieferbar)

Frankfurter Vorlesungen: Probleme zeitgenössischer Dichtung
105 Seiten. Serie Piper 205

Gedichte Erzählungen Hörspiele Essays
357 Seiten. Geb.

Die gestundete Zeit
Gedichte. 63 Seiten. Serie Piper 306

Die Hörspiele
Ein Geschäft mit Träumen – Die Zikaden – Der gute Gott von Manhattan.
172 Seiten. Serie Piper 139

Das Honditschkreuz
114 Seiten. Serie Piper 295

Sten Nadolny

Selim oder Die Gabe der Rede

Roman. 502 Seiten. Leinen

»Das besondere an diesem neuen Roman von Sten Nadolny: Die jungen Türken, Selim und seine Freunde, mit einer Art gerissener Naivität gesegnet und anfangs ganz ohne Verständnis für das Land, das Bundesrepublik Deutschland heißt, sie alle sind sympathisch geschildert, mit trockenem Humor, mit großem Verständnis für ihre Ratlosigkeit den Deutschen gegenüber, die, so glauben die Türken, ›die meiste Zeit mit Arbeiten, Heizen und Schneeschaufeln beschäftigt waren. Keine Leute, die viel redeten, und alle riesig und blond wie die Teufel. Wenn sie doch einmal Zeit hatten, dann lasen sie.‹ Und pünktlich und ordentlich waren sie alle, zum Gotterbarmen; und daß die Türken auch Menschen waren, das zu merken, brauchten sie lange.
Man liest das und noch viel mehr, auch über manch' engstirnige und verbohrte Studenten, mit riesigem Vergnügen. Man springt mit dem Autor auch unverdrossen in den Zeiten umher: ist einmal 1965 in Kiel und gleich darauf, in Tagebuchaufzeichnungen des Studenten, 1980 oder auch 1988 zu finden. Erzählfreude und (absichtlich) langatmige Erzählungen wechseln einander ab. Und legt man das Buch nach 600 Seiten beiseite, so hat man, amüsiert, doch einiges gelernt: über die verrückt-sympathischen Eigenschaften der Türken hier ebenso wie über junge deutsche Studenten in der Bundesrepublik.«

Berliner Morgenpost

Die Entdeckung der Langsamkeit

Roman. 359 Seiten. Leinen
(Auch in der Serie Piper 700 lieferbar)

»Dieses Buch kommt, scheint's zur richtigen Zeit. Nadolnys heute ganz ungewöhnliche ruhige Gegenposition im gehetzten Betrieb der Politiker und Literaten hat etwas Haltgebendes und unangestrengt Humanes.«

Der Tagesspiegel

Lächelnd über seine Bestatter: Österreich

Österreichisches Lesebuch von 1900 bis heute
Herausgegeben von Ulrich Weinzierl.
506 Seiten. Serie Piper 1040

»Österreich, wie es in unserem Jahrhundert geworden ist«. So könnte der Untertitel des vorliegenden Bandes lauten, der 120 Texte versammelt, in die Geschichte eingegangen ist und aus denen diese wiederum vernehmlich spricht, je deutlicher, unverschlüsselter, desto besser. Literarische Qualität war deshalb keinesfalls das entscheidende Kriterium, ja es wurde sogar das zweifellos Miserable berücksichtigt, wenn es sich um zeittypische Äußerungen handelte. Auf derlei Proben zu verzichten, wäre kurzsichtig gewesen, da auf dem Parnass eben doch eine weltfernere Atmosphäre herrscht als in den Niederungen des Durchschnittlichen. Dennoch fehlen die illustren Namen nicht: Schnitzler, Kraus, Roth, Musil, Polgar, Freud, Bachmann, Handke, Canetti.

Die Welt ist ein Versuch

23 Erzählungen
Ausgewählt von Ernst Reinhard Piper.
374 Seiten. Serie Piper 544

»Die Welt ist ein Versuch« – dieser Satz steht in einer Erzählung Ingeborg Bachmanns, bei Ernst Bloch findet sich eine erweiterte Fassung: »Die Welt ist ein Versuch, und der Mensch hat ihr zu leuchten.« Dieses Licht in der Dunkelheit der Welt zu finden und aufzustecken ist das Anliegen aller großen Erzählkunst, als deren Zeugen aus dem 19. Jahrhundert hier Jean Paul und Dostojewski stehen, und daneben eine illustre Reihe von Autoren unseres Jahrhunderts – schon klassische, wie Aldous Huxley, Federigo Tozzi und Albert Paris Gütersloh, und solche, deren Bedeutung gerade erst erkannt wird: Cynthia Ozick, Ludwig Fels oder Antonio Skármeta. Jede dieser in sich abgeschlossenen Erzählungen bietet einen literarischen Baustein für das immer noch im Bau begriffene Haus der Menschheit, ist ein Entwurf im Experiment Welt und ihrem großen Laboratorium, der Literatur.

Piper 32/2f

PIPER

Jenseits des Meeres

31 Geschichten vom Überleben
Herausgegeben von Martina Petrik und Ernst Reinhard Piper.
367 Seiten. Serie Piper 950

»Soll das besagen, daß an einem bestimmten Punkt des Unglücks Liebe nicht mehr zu bewerkstelligen ist?« heißt es am Schluß von Alexander Kluges Erzählung ›Ein Liebesversuch‹, in der das Konzentrationslager als Metapher für die moderne Welt zu sehen ist und die Unfähigkeit zu lieben für die Unfähigkeit zu leben steht. Doch solange es Menschen gibt, ist das Scheitern der Menschheit nie ein endgültiges, gibt es eine Hoffnung auf ein besseres Anderes.
Die Schattenseiten der menschlichen Existenz sind es, denen sich die Erzählungen dieses Bandes zuwenden – das Unglück in der Liebe, das Scheitern in der Welt. Das Vergebliche, aber doch nicht Hoffnungslose steht als Symbol der Moderne in den Erzählungen sehr verschiedener Autoren dieses Jahrhunderts: Ingeborg Bachmann, Giorgio Bassani, Gottfried Benn, Ludwig Fels, Georg Heym, Sten Nadolny, Cesare Pavese, Anna Seghers, Antonio Skármeta, Federigo Tozzi, Robert Walser und viele andere.

Piper 32/1 i

PIPER

Franz Tumler

Aufschreibung aus Trient
Roman. 249 Seiten. Serie Piper 1019

Ein Schloß in Österreich
Roman. 544 Seiten. Serie Piper 652

Pia Faller
Roman. 183 Seiten. Serie Piper 807

Sätze von der Donau
79 Seiten. Serie Piper 869

Das Land Südtirol
Menschen, Landschaft, Geschichte.
Mit einer ausführlichen Zeittafel.
485 Seiten. Serie Piper 352

Roger Willemsen

Figuren der Willkür

Autobiographie eines Buches
424 Seiten. Geb.

In seinem provozierenden Romanessay stellt Roger Willemsen die Frage nach dem Sinn der Literatur für die 80er Jahre neu. Er spürt den »Figuren der Willkür«, den fiktiven Gestalten der Literatur nach und läßt zugleich sein Buch seine eigene Geschichte erzählen. Was Literatur ist, wird hier beschrieben, was die Arbeit des Schreibens ist, kann hier erfahren werden.
Mit dem Lauf der Geschichte ändert sich, was die Literatur ihrer Zeit ist und was sie ihr sein kann. Deshalb muß immer wieder neu formuliert werden, was das Schreiben zu denken gibt, was sich im Lesen über die Welt ermitteln läßt. Es muß formuliert werden, damit in der Literatur eine Form des Verhaltens zur Gegenwart erkennbar wird, ein Handeln, ein Problem; um sie überhaupt zu verstehen, muß man wissen, was die Zeit der Literatur ist und die Literatur der Zeit.
Von solchen Dingen wird hier gesprochen, aber nicht primär abstrakt, sondern in dem Versuch, die Gegenwart des Schreibenden, seine Erlebnisse, Erinnerungen, Assoziationen, Korrekturen, Schreiblähmungen, seine Berührungen mit der Politik, den Tagesereignissen, der Werbung, dem Film etc. in den Text einzubeziehen. Es wird also kein abstrakter Gedanke von einem abstrakten Autor vorgeführt, sondern die Arbeit des Schreibens will selbst transparent werden, das Buch rollt seine eigene Geschichte vor sich her, befrachtet mit Erinnerungen an Lektüren und Zitate, an Schauspieler und Plakate, an Nachrichten und Gespräche.

PIPER